INTRODUÇÃO À CIÊNCIA HERMÉTICA

Giuliano Kremmerz

INTRODUÇÃO À CIÊNCIA HERMÉTICA

O Caminho Iniciático para a Magia Natural e Divina

Tradução
Mário Molina

Editora
Pensamento
SÃO PAULO

Título do original: *Introduzione alla Scienza Ermetica*.
Copyright © 1982 Edizioni Mediterranee – Vila Flamina 109, 00196 Roma, Itália.
Copyright da edição brasileira © 2022 Editora Pensamento-Cultrix Ltda.
1ª edição 2022.
Todos os direitos reservados. Nenhuma parte deste livro pode ser reproduzida ou usada de qualquer forma ou por qualquer meio, eletrônico ou mecânico, inclusive fotocópias, gravações ou sistema de armazenamento em banco de dados, sem permissão por escrito, exceto nos casos de trechos curtos citados em resenhas críticas ou artigos de revista.

A Editora Pensamento não se responsabiliza por eventuais mudanças ocorridas nos endereços convencionais ou eletrônicos citados neste livro.

Editor: Adilson Silva Ramachandra
Gerente editorial: Roseli de S. Ferraz
Preparação de originais: Danilo Di Giorgi
Gerente de produção editorial: Indiara Faria Kayo
Editoração Eletrônica: Join Bureau
Revisão: Ana Lúcia Gonçalves

Dados Internacionais de Catalogação na Publicação (CIP)
(Câmara Brasileira do Livro, SP, Brasil)

Kremmerz, Giuliano, 1861-1930
  Introdução a ciência hermética: o caminho iniciático para a magia natural e divina / Giuliano Kremmerz; tradução Mário Molina. – 1. ed. – São Paulo: Editora Pensamento, 2022.

  Título original: La scienza dei magi
  ISBN 978-85-315-2178-2

  1. Ciência ocultas 2. Magia 3. Magos 4. Ocultismo I. Molina, Mário. II. Título.

21-92264 CDD-133.4

Índices para catálogo sistemático:
1. Magia: Ocultismo 133.4
Maria Alice Ferreira – Bibliotecária – CRB-8/7964

Direitos de tradução para o Brasil adquiridos com exclusividade pela
EDITORA PENSAMENTO-CULTRIX LTDA., que se reserva a
propriedade literária desta tradução.
Rua Dr. Mário Vicente, 368 – 04270-000 – São Paulo – SP – Fone: (11) 2066-9000
http://www.editorapensamento.com.br
E-mail: atendimento@editorapensamento.com.br
Foi feito o depósito legal.

Sumário

Prefácio de Fernando Picchi 7
Introdução 15
Um Apelo aos que Aspiram à Luz 21
Para os Discípulos da Grande Arte 31

Primeira Parte
INTRODUÇÃO À CIÊNCIA DO OCULTO

A Ciência é para Quem a Conquista 43
Magia, o Mago e o Segredo Incomunicável 44
O Universo e o Homem na Doutrina Oculta 47
Espiritismo 50
Para Concluir 59

Segunda Parte
ELEMENTOS DE MAGIA NATURAL E DIVINA

Preparação 65
Princípios Gerais 83

1. O Mestre Perfeito 86
2. O Discípulo 90
3. Inteligência, Força e Criação 103

Terceira Parte
OS MISTÉRIOS DA TAUMATURGIA

Os Aforismos 203
O Catecismo dos Primeiros Estágios da Magia 236
   1. Ritos e Vontade 236
   2. Vontade e Desejo 238
   3. Vontade e Invocação 238
   4. Ariel e a Vontade-Alma 239
   5. Vontade e Palavras 240
   6. Vontade e Conjurações 241
   7. Vontade e Sinais Gráficos 242
   8. Ciência e Vontade 243
   9. Como a Força é Comunicada 247
  10. Ciência, Vontade e Força 249
  11. Equilíbrio e Força 250
  12. Justiça e Força 250
  13. Pureza e Força 250
  14. Paixões e Força 251
  15. A Pureza de Ariel 252
  16. Ariel, o Criador 252
  17. Ariel Dominador 256

Epílogo 257

Prefácio

Ciência e fé: os dois pilares da cultura moderna e do progresso humano. Infelizmente, essas duas palavras – ou melhor, os conceitos e os métodos representados por elas – são muitas vezes interpretadas de maneira errada. Assim, com demasiada frequência, acabamos testemunhando um conflito entre dois oponentes, que por vezes agem de má-fé, um tentando demonstrar superioridade sobre o outro. É por isso que são usados adjetivos para definir melhor as duas palavras e fazer distinções entre coisas como: "fé cega" e "fé racional"; "ciências oficiais" e "ciências ocultas"; e assim por diante. É sem dúvida bastante natural que alguns incluam as ciências ocultas na categoria de "fé" (uma opinião com a qual não compartilhamos em absoluto, porque a fé pertence ao domínio da religião, trata-se de um comportamento passivo, e não à iniciação, que é um comportamento ativo, se quisermos limitar a palavra *fé* a seu significado essencial). Outros definem certas manifestações científicas como místicas ou fideístas. Como consequência, vai se tornando cada vez mais difícil determinar as fronteiras entre ciência e fé; tais manifestações, como usadas neste prefácio, devem ser vistas, em sentido amplo e como hipótese de trabalho, como meios de designar um determinado estado da matéria no nível mais elevado de redução, uma matéria dotada de inteligência e que é habitualmente identificada com o nome de *espírito*.

Um aspecto típico da ciência como hoje a conhecemos é o experimentalismo. Se quisermos definir *ciência* como tudo que é realizado por meio da experimentação, não entendo por que o esoterismo deveria ser excluído da ciência. O esoterismo tem sido estudado e submetido ao método experimental, como entendo ser o caso do que ocorre em várias Academias Kremmerzianas da Europa. A única razão para tal exclusão pode ser a tendência que, há muitos séculos, tem instigado a ciência oficial (aqui, de novo, temos a necessidade de incluir um adjetivo para qualificá-la) a negar a existência do espírito ou de qualquer coisa que seja inatingível, que não possa ser medida e avaliada com suas ferramentas e métodos de investigação, o que é, por outro lado, a base subjacente para o esoterismo e a pesquisa esotérica. O fato de que esse imponderável escapa à detecção por certos instrumentos não nos autoriza a afirmar que tais instrumentos ou métodos sejam os melhores ou os únicos que podem ser usados.

Duas verdades fundamentais são ignoradas por todos que usam esse pressuposto para negar a existência de qualquer imponderável. A primeira diz respeito a dimensões ou medidas: tome, por exemplo, as medidas que são aceitas hoje no campo científico – que poderiam ser totalmente arbitrárias, pois foram criadas e usadas pelos humanos no contexto do corpo humano e da mente humana. Não há nada que prove que essas medidas tenham o mesmo valor no Universo como um todo. Pode muito bem haver uma dimensão que ainda nos seja desconhecida, mas que não obstante influencie nosso mundo. A segunda grande verdade é que a pesquisa nos campos esotérico e espiritual não pode seguir o mesmo caminho batido que costuma ser aceito no campo científico.

Há várias razões para explicar essa situação e vou mencionar aqui pelo menos algumas delas. Antes de qualquer coisa, a atual pesquisa científica tem se tornado possível devido ao profissionalismo a ela associado: os pesquisadores dedicam suas vidas à pesquisa e são mantidos por poderosas instituições que lhes garantem trabalho contínuo e salários, pois os resultados dessas pesquisas serão comercializados e compartilhados pela humanidade para seu avanço material. Em segundo lugar, na esmagadora maioria dos casos, a pesquisa científica usa instrumentos para observar e investigar uma série de amostras que são desconhecidas pelo próprio pesquisador. O método objetivo é, de fato, a base da pesquisa científica. Mesmo nos casos em que o objeto da pesquisa é o ser humano, os examinados são sempre outras pessoas, nunca o próprio pesquisador. Ele se vê assim confrontado com um dilema insolúvel, que impede qualquer chance de completa penetração no campo do objeto da pesquisa. Em terceiro lugar, aquilo que o pesquisador bem-sucedido descobre é, na maioria dos casos, disponibilizado para a humanidade. Isso acontece porque a descoberta pode ser reproduzida e fornecida a quem tiver meios para adquiri-la. Com relação à exatidão desse último ponto, podem surgir dúvidas por várias razões. Temos certeza de que todas as descobertas dos pesquisadores são conhecidas por todo o mundo? Temos total conhecimento sobre todas as armas que foram inventadas até agora? Estamos sendo informados de tudo relacionado a todas as expedições espaciais? Quantas outras perguntas podem ser formuladas por nós, meros mortais?

Mesmo que a pesquisa no campo esotérico comece seguindo rigorosamente o método experimental científico, ela não pode coincidir com o que acabamos de declarar acima, antes de mais nada porque o objeto da pesquisa é sempre humano. Com frequência, o objeto é o próprio pesquisador e sua relação com o Universo do qual ele é parte – conforme o axioma hermético que determina que, para que possamos entender alguma coisa, precisamos nos tornar essa coisa. Mesmo quando obtém êxito, o pesquisador esotérico não gera um produto comercial e os resultados, portanto, são considerados inúteis para a humanidade como um todo. Os frutos de uma tal pesquisa não são divulgados – mas isso não acontece pela mesma razão que leva à falta de divulgação dos segredos sobre armas ou expedições espaciais, e sim devido ao ceticismo, para usar um termo brando, com que os resultados seriam recebidos.

Na verdade, a pesquisa no campo esotérico ou iniciático pode ser realizada de modo permanente e fornecer resultados excepcionais, bons ou medíocres, mas esses resultados são sempre subjetivos e não podem ser materializados em um aparelho ou em uma caixa de comprimidos prontamente disponíveis para todos. Quem iria querer acreditar no experimento, mas sobretudo quem iria reproduzi-lo em si mesmo, antes de negar sua verdade ou classificá-lo como impossível com base unicamente em preconceitos ou arrogância? Mesmo que alguém estivesse disposto a testar o experimento em si próprio e tivesse tempo para fazê-lo em sua breve vida humana, será que os resultados seriam os mesmos? A resposta "se for usado, o método científico só poderá dar um único resultado" é irrelevante e mal colocada porque, sejam quais forem os procedimentos científicos utilizados, para obtermos resultados iguais terão de ser empregadas quantidades e qualidades iguais e, assim como foi demonstrado por Giorgio Piccardi, nem sempre é tão fácil seguir essa regra. Além disso, um determinado experimento conduzido na Austrália pode proporcionar resultados um tanto diferentes do mesmo experimento conduzido na Itália.

E quanto aos seres humanos? Será que respeitamos as mesmas premissas de quantidade e qualidade para todas as pessoas? A resposta é demasiado óbvia, sobretudo se levarmos em conta que, em experimentos científicos objetivos, a intervenção subjetiva de seres humanos está sempre presente em maior ou menor grau, provocando a falta de uniformidade dos resultados. Por mais rígido e rigoroso que seja o experimentalismo, quando o principal instrumento de decisão, medida e avaliação é a inteligência e a interioridade humanas, a falta de uniformidade dos resultados é óbvia, dada a natureza diferente do ponto de partida ou de chegada.

A ciência sempre repudiou o dogmatismo, com frequência de modo justificado, um aspecto sobre o qual até mesmo os esotéricos têm expressado fortes reservas, embora o admitindo em certos casos, como o leitor terá oportunidade de descobrir ao ler esta obra. Contudo, nem mesmo a ciência se manteve distante do dogma em todas as oportunidades: por exemplo, a não transmutabilidade da matéria era, até pouco tempo, considerada um dogma científico e atualmente está passando por séria revisão. O leitor será capaz de encontrar muitos outros dogmas científicos que foram considerados válidos no passado e mais tarde se mostraram equivocados. Nada pode impedir que nos perguntemos se, no futuro, muitos outros dogmas científicos de aceitação universal não serão derrubados, e esse futuro talvez não esteja assim tão distante. De fato, como Prentice Mulford declarou, no século XIX: "É um erro fatal olhar para o fragmento do passado que conhecemos e usá-lo como guia infalível para tudo que possa ocorrer na eternidade".

Portanto, os dois tipos de pesquisa – a científica e a esotérica, ou iniciática – são equivalentes se conduzidas com o mesmo rigoroso método experimental, e aquele que não conceder a elas a mesma dignidade e a mesma utilidade simplesmente porque os resultados diferem estará cometendo um erro. Além disso, os resultados não podem deixar de ser diferentes, considerando o que anteriormente declaramos e considerando ainda que, na base de cada tipo de pesquisa, existe uma premissa ou um pressuposto um tanto divergente. A ciência oficial encara qualquer tipo de traço fenomênico como lei e, como tal, o examina repetidas vezes; o esoterismo, que é aqui identificado como hermetismo (rejeitando *a priori* os discursos místicos mal informados de muitos pseudoiniciados ou pretensos esotéricos), parte da unidade da lei e, depois, vê no fenômeno as múltiplas manifestações ou transformações derivando dessa lei singular.

A ciência examina a eletricidade e estuda todos os seus fenômenos e aplicações como ramificações da própria eletricidade; o esoterismo, por outro lado, não pode deixar de considerar a eletricidade como uma manifestação da vibração universal elementar que assume aspectos diferentes que levam os nomes de luz, eletricidade, calor, magnetismo, amor e assim por diante. A ciência estuda a enfermidade humana pela forma como ela se manifesta e utiliza isso como a lei básica, a de que nem todos os casos seguirão com 100% de uniformidade; tenta curar os sintomas, mas não se volta, em primeiro lugar, mesmo quando baseada na etiologia, para a causa que deu origem à doença. O esoterismo considera que todo ser humano é único, como o Universo, e tenta explicar a causa da disfunção do organismo baseando seu exame não no fenômeno, mas na unidade psicofísica da pessoa que manifesta a enfermidade. A ciência intervém no corpo físico para eliminar o sintoma; o hermetismo insiste que a intervenção deve ter lugar no ser humano como um todo por meio do uso correto da força vital, cujas leis os humanos com frequência ignoram. Na realidade, as pessoas empregam a força vital não para seu bem-estar, mas para muitos outros fins que podem enfraquecer seu espírito, expondo-as a riscos que de outra forma poderiam ser evitados. É também verdade, e inegável, que a medicina tem nesses últimos tempos se deslocado para mais perto do conceito psicossomático, algo que o hermetismo sempre praticou e sobre o qual vários paracelsianos baseiam seus tratamentos. Infelizmente, eles ainda estão longe de uma visão precisa desse conceito, porque tendem a refutar a importância da psique, atribuindo-lhe uma função parcial, considerando-a um funil que se limita a coletar impulsos gerados por agentes externos. Desse modo, o ego histórico não é levado em conta, nem a presença em nós, hoje, de nossos ancestrais, algo que guia nossa vida sem que tenhamos consciência disso. A única concessão que a ciência consegue fazer a esse conceito fundamental do hermetismo é reconhecer a transmissão hereditária via DNA, o que tem de fazer, mas não poderia fazer de outra forma, pois admitir mais significaria reconhecer a teoria de sucessivas reencarnações. O hermetismo mais recente a defende, não sobre uma base fideísta, mas com base na possibilidade de individualização desse núcleo oculto em cada um de nós e por meio de uma extensa série de experimentos e um rigoroso método de pesquisa das profundezas do ego oculto, método que não difere do método científico, pois, mesmo no campo da ciência, a intuição está com frequência na base da descoberta e a experimentação segue – e não precede – essa feliz intuição.

Mesmo que continuem a manter em parte suas posições, hoje os dois contendores, defensores e oponentes do fenômeno físico que temos chamado de espírito, vão aos poucos chegando a uma reconciliação. É uma tendência e uma necessidade sentida e seguida não só por hermetistas, mas também – e acima de tudo – por cientistas de visão mais ampla e mente mais aberta, pessoas guiadas, em sua pesquisa, não por ideias ou dogmas pré-concebidos, mas por um desejo real de conhecimento. É verdade que há poucas pessoas em ambas as frentes que entenderam que está na hora de abandonar temas pré-estabelecidos porque a Verdade não pode ser unilateral mas, como sempre tem sido declarado, reside em algum lugar no meio. A humanidade está pronta para dar um grande salto à frente, não obstante as fortes regurgitações de obscurantismo que se expressam de várias maneiras. E são esses pioneiros que devem ser empoderados para dar a todos as respostas que procuramos em vão na cultura atual.

O objetivo desta compilação é apresentar os escritos de um pioneiro a pessoas de boa vontade (ou que desejam o bem), de modo que possam extrair deles, livremente iluminadas por seus próprios intelectos, as conclusões que o estado pessoal de evolução de cada um lhes permita atingir. Para essas pessoas, que passam pela vida não para digerir, mas para pesquisar, deixamos fluir todo o nosso amor, estima e saudações, desejando que sejam capazes de identificar o que há tanto tempo foi estabelecido em seus corações para ser feito, e que então seja levado a uma feliz conclusão.

Fernando Picchi

Introdução

Esta coleção orgânica dos escritos de Kremmerz foi compilada por um grupo de estudiosos do hermetismo com o objetivo de dar ao leitor uma visão concisa de alguns dos temas fundamentais no vasto e complexo acervo dos ensinamentos kremmerzianos. Consideramos oportuno pavimentar o caminho da apresentação ao público desse conteúdo com algumas considerações introdutórias.

Testemunhamos uma crescente disseminação do conhecimento científico, que além de contribuir para a atual educação escolástica em si, favorece a publicação de numerosas obras impressas de divulgação. Os avanços tecnológicos que são consequência direta e a aplicação de descobertas da ciência estão causando impactos cada vez maiores em nossas vidas. Paralelamente a esses fenômenos, testemunhamos também um crescimento igualmente notável no interesse por toda forma de conhecimento que seja estranha, maravilhosa e difícil de acessar – em uma palavra: o *oculto*.

Há várias razões que podem explicar essa evidente contradição. De um ponto de vista mais superficial, ainda que isso contenha uma parte da verdade, os livros ocultistas (ou, como costumam ser chamados hoje, "esotéricos"), que são objeto de crescente interesse, podem ser colocados na categoria da ficção científica ou do que é chamado ficção escapista, ambas amplamente consumidas em nossas modernas sociedades industriais – um fato que se dá como consequência da monotonia resultante de uma existência organizada pelo tempo. Certamente não é por acaso que várias revistas de grande circulação coloquem de modo promíscuo, para satisfação de seus leitores, legítimos tópicos ocultistas (antigas práticas mágicas, fenômenos místicos e coisas desse tipo) ao lado de discos voadores, os chamados OVNIs, domínio indiscutível da ficção científica.

Contudo, quando nos aprofundamos, podemos sentir que o interesse do homem contemporâneo por esses tópicos parece com frequência ditado pela necessidade de novas fés para substituir as tradicionais que, por uma razão ou por outra, não mais satisfazem. Isto se deve ainda, com grande probabilidade, à difusão de cultos e crenças, mais ou menos institucionalizados, de méritos e conteúdos variados, que vão do culto de alienígenas – o paroxismo místico do que é chamado de "ufologia" – a diversas igrejas místicas, orientais ou não, de algumas das quais temos também de reconhecer o mérito de oferecer a seus seguidores, pelo menos em princípio, um método para verificar, por meio da experiência, o conteúdo de diferentes artigos de fé.

Por fim, se desejamos examinar o fenômeno de um ponto de vista mais sério e interessante, devemos necessariamente considerar a possibilidade de realidades supersensíveis sendo experimentadas de forma direta. De fato, só isso pode nos levar ao centro da matéria que nos interessa, ou seja, o estudo das ciências herméticas.

Com o passar do tempo, o fato de estarmos familiarizados com um pensamento francamente científico induziu na pessoa moderna, mais madura e instruída, a exigência irreprimível de só tomar como certo e aceito o que pode ser claramente conhecido por meio da experiência direta. Tal exigência, concentrada de início apenas nos fenômenos do mundo físico, acabou sendo imposta também às realidades que, em geral, eram consideradas pertinentes exclusivamente às religiões, e que os crentes deveriam aceitar como artigos de fé.

Um indicador notável dessa mudança de atitude com relação às realidades supersensíveis foi o surgimento da parapsicologia, que se propôs a observar, registrar e interpretar, usando uma metodologia estritamente científica, diversos fenômenos paranormais (telepatia, telecinese etc.). A parapsicologia, no entanto, aborda a questão de um ponto de vista limitado, na medida em que o pesquisador desse domínio se mantém separado do fenômeno, meramente observando o que é encontrado no prognóstico ou no sujeito sensível que é objeto do experimento e, assim, obtendo apenas um conhecimento indireto ou mediado.

Os princípios e métodos da parapsicologia, portanto, não podem satisfazer aqueles pesquisadores mais empenhados e que querem testar de forma direta, por si mesmos, com a mesma transparência com que um fenômeno químico é testado em um laboratório, essas alegadas realidades supersensíveis propostas como objetos de fé pelas religiões.

A esse respeito, deve ser enfatizado que, se reconhecemos de forma clara essa exigência, também reparamos que ela contém outra, como corolário, que brota de uma dedução simples: se ao nível do desenvolvimento espiritual em que se encontra na maior parte dos casos, o pesquisador não tem uma percepção direta das realidades que quer conhecer, torna-se necessário que altere essa situação para possibilitar a percepção que lhe estava vedada, como acontece com um receptor mais sensível que pode captar vibrações mais sutis.

Vemos, então, reaparecer, graças à lógica científica, o antigo preceito da purificação ou catarse, que é ferramenta indispensável para alcançar o conhecimento das coisas divinas.

O ensinamento kremmerziano satisfaz os dois postulados necessários para uma busca espiritual consciente e dedicada: um sistema de doutrinas e práticas aprendidas que leva os que estão qualificados para tal estudo a ter uma experiência direta de seus conteúdos. E essa definição, formulada aqui como parte de tal ensinamento, também terá de ser pessoalmente verificada pelo estudante.

Nesse ponto, contudo, é adequado dissipar algumas possíveis ilusões que, se não forem apontadas, podem, com o passar do tempo, conduzir a muitas amargas decepções.

A partir da alegada natureza científica do hermetismo, alguns poderiam ser levados a supor que estamos falando de uma disciplina comum, que podemos aprender se nos empenharmos em seu estudo, como acontece com qualquer outro ramo do conhecimento. Nada poderia estar mais longe da verdade. Na realidade, precisamos entender que, se o mundo invisível, assim como o mundo físico, é governado por leis precisas, estaremos lidando com leis que são qualitativamente diferentes e que só podem ser comparadas a leis físicas em virtude de uma relação analógica. Ditas leis, no entanto, podem ser decifradas e aplicadas na esteira de um compromisso ativo e catártico que envolve a totalidade do ser do pesquisador, que já precisa, desde o primeiro momento, ser possuidor de um intelecto particularmente iluminado e perspicaz.

O próprio leitor entenderá a verdade do que estamos afirmando desde a primeira página, assim que entrar em contato com o espinhoso tema abordado por Giuliano Kremmerz, a quem deve ser dado o crédito de ter realizado o mais significativo esforço de esclarecimento e divulgação jamais tentado neste campo. Ao criar o magistério desse elevado conhecimento, no final do século XIX, Kremmerz produziu – usando, sempre que possível, as ideias e a compreensão de seu tempo – uma tradução para um linguajar moderno, discursivo e didático, dos fundamentos sintéticos e obscuros do hermetismo, isto é, daquele corpo de dados sapienciais que tem suas raízes nas antigas culturas do Mediterrâneo oriental e que chegou ao autor por meio de uma transmissão direta, feita sem interrupção ao longo de séculos.

Contudo, todo esforço para esclarecer e difundir esses tópicos, incluindo o esforço empreendido pelo autor, encontra um limite mais profundo, pois esses temas se abrem para horizontes sem dúvida ilimitados, com perspectivas que não se prestam a fórmulas verbais fechadas e completas. Há verdades que o pesquisador tem de apreender por si mesmo, treinando, digamos assim, os órgãos necessários para percebê-las; e, em virtude disso, a linguagem que usamos para falar delas deve necessariamente conter coisas simbólicas, analógicas, alusivas. Para dar uma ideia da dificuldade intrínseca de abordar algumas verdades do oculto, seria como tentar explicar as cores para uma pessoa cega de nascença.

Podemos, no entanto, ter certeza de que Kremmerz não omitiu nada que pudesse ser expresso em uma linguagem clara, pondo à disposição do pesquisador os desdobramentos mais profundos de seu conhecimento, facilitando ao máximo a intuição das verdades herméticas necessárias para a evolução do pesquisador.

Naturalmente, os gostos, os interesses e a própria mentalidade do leitor da atualidade são diferentes daqueles a quem Kremmerz se dirigia; além disso, o legado científico que temos à nossa disposição enriqueceu enormemente desde seu tempo, de modo que certos traços da linguagem kremmerziana pertencem a uma era que não é mais a nossa. Contudo, o leitor atento, capaz de distinguir o que é essencial do que é acessório, perceberá de imediato como, por um lado, nenhuma das declarações de Kremmerz se opõem a nosso aprendizado científico; por outro lado, seu trabalho de esclarecimento e disseminação conserva, mesmo hoje, um valor substancial intacto, que o torna agora um "clássico" de sua área sem, no entanto, barrar o caminho para possíveis formulações adicionais.

Os compiladores da presente antologia esperam que, levando em conta os limites necessários e inerentes a uma apresentação sintética, ela seja capaz de proporcionar ao leitor uma útil aproximação a muitos temas essenciais do vasto ensinamento kremmerziano, do qual, em seus aspectos doutrinários e práticos, o Centro di Ermetismo Universale Roma (CEUR) é o legítimo guardião. Por conseguinte, o presente compêndio pode ser válido como uma eficiente introdução para aqueles – em especial os mais jovens – que se voltam para esses temas complexos, levando esses estudantes a uma compreensão que, ao contrário do que infelizmente acontece com frequência, ofereça algo diferente de uma falsa promessa ou uma miragem evanescente. Se isso ocorrer, saberemos que a presente obra alcançou seu propósito.

Um Apelo aos que Aspiram à Luz

Nada eu sabia, entrei e vi as coisas secretas.
Papiro de Nu, canto 116,
século XV a.C.*

I

Se a ciência experimental, por meio da gradual conquista dos segredos da natureza, fez considerável progresso nos últimos cinquenta anos, o conhecimento das virtudes divinas da alma humana, ao contrário, não avançou um único passo.

Hoje, assim como ontem, assim como sempre ocorreu sob o Sol, segundo aspirantes comuns ao conhecimento dos mistérios do futuro, há somente duas categorias de pessoas: os místicos e os falsos doutores que professam teorias que não estão ao alcance de todas as mentes.

---

* Publicado em 1897.

Os místicos são uma legião: dos exageros religiosos daqueles que falam com Deus e com os santos, profetas e arcanjos, até aqueles que evocam os espíritos dos mortos.

Os pseudodoutores são aqueles que, usando a metodologia da experimentação científica convencional, tentam falar com uma aparência de autoridade sobre essa coisa que todos possuem e que ninguém pode explicar, ou seja, a alma interior da criatura humana, rica em virtudes e insondáveis mistérios.

Os místicos falam através do êxtase paranormal e acabam sendo examinados por psiquiatras incrédulos – eles próprios místicos de uma ciência incipiente – que acreditam que o melhor lugar para os místicos é o hospício e como cobaias de experiências voltadas para um público que nunca questiona as declarações daqueles encarados como luminares da ciência oficialmente reconhecida.

Graças aos seus jogos linguísticos, o magnetismo se tornou hipnotismo; a mente humana, isto é, nossas faculdades de pensamento e vontade, converteu-se na psique e, sob esse nome, transformou-se em uma cobaia oficial para experimentos médicos. Mas quantos dos que têm consciência não confessarão que, em sua luta contra a conquista do desconhecido arcano, estão sempre esperando, mas nunca chegando a quaisquer conclusões positivas?

Contudo, o problema da alma é sempre o que mais desperta o interesse das multidões.

Todos querem saber, todos anseiam ardentemente por algum entendimento sobre o que acontecerá ao homem após a morte.

O mistério da morte é o limite do estudo da ciência humana, como ela é concebida em clínicas e universidades; mas é também o limite que a filosofia hermética deve tomar como ponto de partida para determinar, se possível, com que delicadeza o material do ego pensante pode afastar-se da necessidade das funções corporais.

Se o esqueleto ainda é sólido, se a carne ainda é jovem, se as células estão vivendo e o tecido das veias é flexível, qual a necessidade de passar pelo túmulo para se recriar?

Tu, oh Morte, és a solução para o enigma espiritual dentro do homem vivo e dentro das ocultas profundezas de sua desconhecida alma.

O iniciado tem de vencer a morte e ultrapassar a escravidão da inexorável lei. O iniciado enfrenta apenas o problema da continuidade da consciência, da travessia do rio do esquecimento, Lethe, continuando sem interrupção seu sonho de integração com poderes divinos.

A ciência experimental não é capaz de tratar do problema e, na ausência de prova aceita pela ciência, contenta-se em negar que possa haver qualquer sobrevivência da alma ou da individualidade psíquica do homem.

Desse modo, abre-se a porta para a religião e o misticismo. Porque religião e misticismo oferecem algo que a ciência das universidades não pode dar – a esperança de uma vida livre em um mundo de justiça super-humana e liberdade ideal; é desejável que uma palavra revele a verdade.

Mas o problema do Além só será resolvido por aqueles capazes de atingir um conhecimento de si mesmos, isto é, da estrutura, da anatomia e da "química" de suas próprias almas.

Não pretendo me referir aqui às investigações dos que, em livros e outros escritos, produziram volumes de prolixa psicologia pretendendo examinar nossos instintos predominantes assim como nossas virtudes morais e como desenvolvê-las. Essas investigações são apenas pesquisas preliminares, e todo esse enxame de escritores não visa realmente examinar ao problema da alma em si, mas apenas examiná-lo em relação com a sociedade em que o homem vive e com a chamada moralidade estabelecida pela sociedade dos vivos, considerada como condição para o sucesso na vida social.

A ciência, da astronomia à química, nos trouxe um grande benefício: o repúdio de todas as ideias mesquinhas de um Deus universal criado à imagem e semelhança do homem e, portanto, das estátuas, gravuras e símbolos incrustados na tradição popular. O Universo infinito, que é inacessível a todos os métodos de investigação científica, não pode ser representado, mesmo de forma simbólica, por um homem gigante, já que o *homem* é o produto da *Terra*, e a Terra é apenas uma parte infinitesimal do Universo infinito.

O único conceito científico de Deus é este: *a lei que governa o Universo no mais perfeito equilíbrio.*

Essa lei é infinita, constante e eternamente a mesma em toda parte: sobre a Terra, no pensamento inteligente, fora da órbita da Terra, na gravitação dos mundos visíveis, no deslocamento moral de almas agrupadas em uma sociedade.

Essa lei é perfeita porque não admite qualquer violação, seja qual for; assim, um milagre que violasse a lei seria, *a priori*, impossível e, ao que parece, só se torna possível se, por razões ainda desconhecidas pelo homem, for o resultado da própria lei.

A lei é inteligente porque dá e tira segundo o merecimento; concede e remove com uma justiça que está além das capacidades do homem.

Para nós, há somente o Universo, com uma única lei inexorável, com uma Ordem da qual nada pode ser tirado. Se quisermos representar esta lei inteligente e inexorável com a figura de um homem, peço encarecidamente que não criem um ídolo como Deus supremo. O Universo é vasto demais para ser contido em uma palavra ou em uma figura humana. Quando os antigos patriarcas das histórias da Bíblia falavam da figura inexorável de Javé (Jeová), que beirava a crueldade e nunca era inconstante, estavam de fato fazendo referência a essa lei universal que dirige e cria tudo que existe, cuja alma é *a essência do Ser*, ou seja, a substância primária imutável e a forma secundária e variável.

Esta lei imutável é também compreendida como manifestação da *essência inteligente primária universal, que salta das formas de todas as coisas, visíveis e invisíveis.*

Os antigos sacerdotes de religiões iniciáticas clássicas nunca usaram formas definidas para representar o princípio primário ou a substância inteligente; usaram sempre uma variedade de formas adaptáveis para definir diferentes momentos do ato criativo, ou melhor, da *encarnação* do Deus Universal.

A melhor concepção que um zoólogo, um fisiologista ou um botânico podem ter de Deus é reconhecer a Natureza como a única e exclusiva divindade que pode ser discutida e estudada.

Todos os símbolos e hieróglifos dos antigos sábios dizem o mesmo:

Ele tem duas faces: a visível, que representa sua manifestação no mundo físico, isto é, na Natureza que aparece em nossas modernas filosofias materialistas; e a face invisível, representando o espírito da Natureza, isto é, a Inteligência, a lei de cada manifestação da Natureza – uma Força, uma imensa Alma que faz a árvore florescer, brilha através da água, endurece o metal e reflete o Sol.

O invisível Deus do Universo, cujas manifestações são a prova positiva de sua existência, é a inteligência que governa todas as manifestações que afetam nossos sentidos.

Essa inteligência universal (Deus invisível), por meio da sábia perseverança de suas manifestações, é *a lei reguladora da natureza universal*.

A conquista de poderes nada mais é que o direito de obtê-los por essa lei.

Um atleta que treina o dia inteiro para conseguir levantar pesos tem um direito de prioridade sobre todos os homens mais preguiçosos. Um químico que desenvolve com inteligência um trabalho de examinar corpos naturais tem um direito de prioridade sobre todos aqueles que nunca na vida se perguntaram de que é composto o ar. Você não será capaz, independentemente da força que aplique, de curvar metais, mas um ferreiro habilidoso, com menos força física que você, consegue dobrá-los sem nenhum problema.

Esse é o direito do poder.

Uma conquista dentro da lei, não fora da lei universal.

Quem não entende isso é simplesmente louco, porque imagina o poder sem conquista.

Será então esse conceito, estritamente científico e filosófico, uma verdadeira conquista moderna?

Ninguém se dedicou ao estudo profundo das antigas ciências sacerdotais senão por meio dos símbolos e hieróglifos através dos quais seus segredos seculares foram passados a nós; e o clero das religiões assírio-babilônicas e egípcias não tinha conceito de Deus, a não ser como uma lei.

O segredo dos sacerdotes, seu grande segredo, era o conhecimento das leis da alma humana, por meio do qual conseguiram adquirir poderes maravilhosos, que pareciam extraordinários, mas não eram.

Telepatia, experimentos com levitação, previsão ocasional, por meio de sonhos, de coisas futuras, sinais premonitórios de algo prestes a ocorrer, tudo isso já atrai a atenção da ciência reconhecida, mas de forma não conclusiva, pois os fenômenos são estudados quando surgem, do mesmo modo como os selvagens obtêm o conhecimento de eclipses do Sol ou da Lua, ou seja, eles confirmam a obscuridade do Sol ou da Lua, mas não a explicam, ao passo que para a consciência humana inteligente é necessário:

* Explicar o fenômeno (mediunidade, telepatia, visões, premonições); e
* Produzi-lo de novo quando quisermos.

Para que esse conhecimento da alma se torne verdadeira e estritamente científico, é preciso estudar as leis que o regulam e o processo pelo qual ele produz esses fenômenos.

O método subjetivo de investigação consciente do próprio ego, suficiente para desenvolver sua penetração e colher os frutos, sempre representa, sem erro, o método preferível para aqueles que desejam ardentemente maior percepção, conhecimento e progresso.

O objetivo da integração é o homem.

Nunca perca isso de vista.

Todos os seus experimentos devem ser feitos com o homem. E não com qualquer homem, mas com você mesmo; e além disso, devemos estar conscientes de cada passo que avançamos e conhecer exatamente os modos mais adequados de provocar um estado de percepção que está além da experiência comum.

II

Existe um *mundo secreto* que os homens vislumbram, um mundo de cuja existência suspeitam, cujas manifestações os surpreendem, mas que não conseguem explicar.

Para estudá-lo, devemos:

1. Estudar, de modo independente, o homem secreto que está oculto dentro de nós.
2. Estudar o mundo secreto e invisível das almas: das almas dos mortos, das divindades e dos seres que nunca foram seres humanos e que vivem em outra vida.

O Mundo Secreto [*Il Mondo Secreto*] contém a totalidade da ciência sagrada dos sacerdotes antigos, a ciência que transforma o homem em um deus vivo.

Il Mondo Secreto é uma obra de gnose para reconstruir a ciência misteriosa dos magos e será dedicado aos aspirantes à *luz*, isto é, àqueles que, bem equilibrados em suas paixões, despidos de qualquer intenção prejudicial, com força de vontade e vontade de fazer o bem, se dedicarão ao estudo e à observação para serem bem-sucedidos.

As partes básicas, que servem para restaurar a coerência, desfazendo erros ou ideias mal compreendidas, serão apresentadas de um modo acessível a todos; quanto ao restante, falarei de uma forma que reserva o conhecimento àquela aristocracia mental e moral que tem o direito de avançar.

Só prometo e sustento uma coisa: que nada vou esconder e que o *Grande Arcano* será revelado para que candidatos ao grande sacerdócio encontrem a confirmação de seus anseios.

Filósofos e cientistas prolixos, com linhas limitadas de pesquisa, devem abrir espaço para uma escola racional da cultura que mostrará o caminho às massas ao marcar o limite onde o filósofo tem de se unir ao cientista e avançar para a conquista da verdade *pro salute populi* [para o bem do povo].

Para ser explícito, este apanhado de fatos representa um esforço para nos preparar melhor (e a outros também) para o conhecimento da individualidade que temos latente – e para a aplicação dessas conquistas à vida real em benefício dos menos favorecidos, combatendo o mal, sob qualquer forma de ignorância e autoritarismo que ele assuma.

Os métodos iniciáticos sacerdotais prepararam e moldaram os núcleos humanos etéricos: a autoformação da humanidade inteligente. Nossa escola está fazendo essa tentativa hoje. A integração dos poderes está subordinada ao estado de consciência que aspira à potência de um conhecimento real e profundo.

Enquanto as religiões proclamam que essas qualidades e poderes sobrenaturais procedem da graça concedida por um Deus desconhecido, nossa escola estuda cientificamente as leis que governam tais fenômenos, leis bem conhecidas por certos cleros especiais, fundadores de religiões. Ela estimula os poderes virtuais do organismo vivo ao promover, por meio de práticas tradicionais, a autodisciplina [ascese] no estudo de poderes psicofísicos e o desenvolvimento do indivíduo integrado, direcionando de forma efetiva uma aplicação terapêutica hermética para mitigar o sofrimento humano. Trata-se, portanto, de uma escola de filosofia prática cujos discípulos têm apenas um objetivo: *contribuir para o desenvolvimento da civilização humana, como ela é concebida de forma materialista, acrescentando, entre seus fatores de progresso, os elementos da potencialidade da alma e do espírito em todos os homens.*

Sua missão hermética deve ser cumprida contra a ignorância e a superstição, em benefício das multidões, que devem ser salvas por meio da ciência humana; é, portanto, um altar erguido à ciência do homem e contra a ignorância. Trabalhar para o bem com humildade e de forma anônima; instilar por toda parte, de forma pública e radiante, que com o tempo a ciência humana colocará em completa ordem a questão humana, que fará a paz entre os povos do mundo e combaterá o medo e o aguilhão da morte.

Aos ateus diremos que o homem é o rei da humanidade e que a sabedoria do homem é a soberana do Universo.

Aos crentes explicaremos que Deus se manifesta em suas criações, como faz a árvore por meio de seus frutos.

Ensinaremos a todos que a perfeição hermética é um admirável medicamento que os deuses e as grandes divindades do Olimpo, usando um disfarce humano, trouxeram à Terra, entre gente sofrendo e homens ferozes, para curar as feridas purulentas e pacificar; que Mercúrio destila a essência de rosas florindo e que Eros a transmite aos mortais se a Vênus radiante sorri.

Giuliano Kremmerz

Para os Discípulos da Grande Arte*

Nice, 1º de junho de 1917

Com um profundo sentimento de amargura, após cerca de vinte anos, estou escrevendo algumas palavras de introdução a essa edição de *Elementi di magia natural e divina* (Elementos de Magia Natural e Divina), que meus caros amigos editores decidiram tornar disponível para amigos e discípulos da Grande Arte.

Neste livro, em 1897, num período em que era tão fácil publicar um livro para o qual não havia leitores, comecei a escrever sobre essas coisas antiquadas, com as quais ninguém mais se importa; agora de novo, vinte anos depois – sob o *copyright* de Cassandra – escrevo sem esperar que creiam em mim.

Não publiquei *Il Mondo Secreto* para dizer "eu sou um mago", porque a pessoa desiste de fazer isso em proveito próprio quando começa a pregar para as massas.

Na época, eu queria inaugurar um novo período na Itália da vida intelectual dos mais preparados que lessem minha obra, arrancando-os da retórica vazia do misticismo cristão ou budista, que nos deu os sangrentos resultados dos dias atuais, e deixando-os com repugnância do empirismo espírita e da loucura de conversar com os mortos. Eu queria

---

* Prefácio à segunda edição de *Il Mondo Secreto*.

que as pessoas compreendessem os poderes ocultos ou misteriosos que são naturais nos seres vivos e que são a causa inconsciente de todas as invenções místicas que têm atormentado a humanidade durante séculos. Queria mostrar que, entre o materialismo científico e o misticismo de além-túmulo, há um domínio inexplorado que transforma a natureza radicalmente exclusiva desses dois polos extremos e que a ciência do homem está localizada em um estado intermediário entre a vida e a morte, que foi chamado de *mag*, e que revela os recursos desconhecidos e muito poderosos da natureza humana. Queria testar, em grande escala, a aplicação dessas forças à medicina, compreendida como a arte de curar ou aliviar o sofrimento. Queria ir mais longe – que Deus me perdoe – e erigir um monumento ao pitagorismo italiano, fonte do pensamento templário mais tardio, e iniciar uma pequena reforma mental e moral da virtude em sua essência prática na vida social.

Eu tinha me esquecido do calendário...

Achei que a humanidade estava muitos séculos mais avançada; contudo, em vinte anos, não obtive mais que testes e pequenas amostras do que me interessava. Nada de concreto – exceto talvez os muitos problemas que, com minhas próprias mãos, criei para mim mesmo.

Agora, então, minhas poucas palavras introdutórias podem ser reduzidas ao seguinte:

Que o leitor compreenda, ao ler o livro, que eu queria mostrar aos pesquisadores *não o único meio de chegar lá, mas um meio de intuir a existência de um segredo (um arcano)* – um segredo físico (isto é, um segredo natural) que pouquíssimos conheceram, que hoje é conhecido por um número ainda menor de pessoas e que, embora seja capaz de tornar um homem mais poderoso que qualquer semideus, não é possível encontrar ninguém que o venda. Um segredo que, ao que tudo indica, não traz felicidade a quem o possui.

A intuição da existência desse segredo é, por si só, suficiente para tornar risíveis as invenções místicas que têm escravizado pessoas a pontífices e direitos divinos, criando assim uma moralidade formal e desonesta que é a causa dos grandes males dos dias atuais.

No dia em que o mundo antigo estiver liberto de sua herança bíblica e budista bem como quando os traços e a substância de todo convencionalismo tiverem desaparecido, o homem, não através do materialismo científico nem por meio de religiões que negam qualquer espécie de iniciativa, *aprenderá a conceber a divindade oculta do Universo* como uma benevolente lei de liberdade, em um equilíbrio de justiça, que nenhum código humano será jamais capaz de reproduzir.

O tempo será o fator principal nesse progresso, por meio do qual todos os mistérios serão resolvidos.

Volta descobriu a eletricidade, mas não a inventou: a eletricidade já existia, desconhecida e inacessível, com seus fenômenos incompreendidos há incontáveis milhares de séculos.

O futuro descobridor do arcano angelical do homem vivo não fundará companhias limitadas e não comercializará sua descoberta – será o Cristo-Rei, que trará paz para os homens de boa vontade.

Mas será preciso Tempo, o grande autor de todos os milagres, para que o ideal se torne realidade. E antes que a descoberta possa colocar a lendária coroa de Salomão na cabeça certa, é necessário que as multidões passem pela dura experiência da vida em séculos vindouros.

Você pode não acreditar em Cassandra, mas vai acreditar nela depois.

Não deduza que, após vinte anos, cultivo alguma ambiguidade; eu irei além e direi: toma as *iniciações* pelo que elas são. Duas ou três sociedades de pesquisadores, que *deveriam* possuir esse arcano, não dão mais que uma iniciação ao neófito.

Iniciar significa *começar*.

Initium: começo.

Ninguém dá o final.

Porque o arcano é de tal natureza que, quanto mais próximo é vislumbrado por alguém, menos a pessoa pode comunicar sobre ele. Pode ser concedido dentro dos limites de certos poderes, mas nunca entregue de forma completa. E por falar nisso, o que será um bom arcano?

Será o arcano da felicidade, mesmo sendo o grande arcano de um poder que provoca medo naqueles que o vislumbram?

Mas não será assim quando o Tempo, o grande impulsionador de novas realidades, tiver fixado a hora para que a descoberta seja aproveitada por uma humanidade madura. E se a humanidade infringir a lei quando já estiver repleta do bem, uma época histórica chegará ao fim através de uma daquelas revoluções cósmicas a partir da qual uma humanidade futura expiará a transgressão em um novo pecado original... Ou então a Terra vai se estilhaçar no espaço e as almas, como pó embrionário, serão atraídas para novas vidas em esferas distantes. Não pertenceria qualquer etnia, não importa a cor, a humanidades que viveram e completaram seu ciclo? Extintas, quem sabe, por suicídio em massa como resultado da desobediência à lei do equilíbrio sobre a qual repousa, inexorável, a divindade fálica da eternidade!

Estou falando como um São João Batista místico nos banquetes de Herodes; mas são apenas teorias sem maldições e sem o crocitar hebraico sobre o Apocalipse.

Beba água para evitar as intoxicações do misticismo. A ciência das faculdades escondidas no ser humano dá origem à loucura, ao orgulho e ao egocentrismo intelectual; pense nos enganos pipocando em cada esquina diante dos que se veem como seres excepcionais ou julgam que têm direito à divindade.

Seja modesto, humilde sem se rebaixar, pitagórico no espírito da sua pesquisa e na vida social: convido você para o sedutor estudo do excepcional. Estudar é meditar e trabalhar, interpretar e testar, não é sonhar. Na imaginação... é aí que se encontra o perigo da fantasia, da obsessão e da bestialidade.

Leia os pouquíssimos clássicos da alquimia.

Medite.

Alquimia e *magia* – duas coisas que caíram em descrédito.

Mas são as duas palavras que têm má reputação, não as coisas cuja doutrina e experiência elas abrangem: as verdades que alguém pode alcançar não são mais que problemas muito profundos, dignos do interesse de mentes evoluídas que estejam totalmente livres dos preconceitos bem incrustados das escolas profanas.

Os alquimistas apresentaram um problema que ainda não foi resolvido pelas universidades oficiais. Os mestres da escola de alquimia esperam nas sombras, para que o clima agradável no qual costumam anunciar suas misteriosas misturas faça nascer o super-homem que sabe como adaptar o mistério para o bem e para a reforma do que existe. Leia esses livros com paciência, penetre no significado filológico de algumas palavras, aprecie em outras a harmonia, em outras ainda a analogia mais simples e não esqueça de que, nas partes menos proeminentes, entre os exemplos trazidos de velhas e falsas verdades, alguns mestres da arte deram a você a fórmula pronta para uso. Lembre-se de que, antes do Grande Arcano dos magos, está o pequeno arcano natural, que é a chave que mesmo uma serviçal poderia facilmente usar.

Homens de boa vontade, pacientes e humildes, encontrarão o caminho.

Depois encontrarão a chave.

Para esse fim, este livro, ignorado pela grande multidão de graduados, será um útil trabalho de introdução.

Eu o escrevi com grande entusiasmo porque sabia que estava lançando uma semente que daria frutos; pensei que seria *logo*, mas será *mais tarde*, quando um homem melhor do que eu me suceder. Também o escrevi porque queria sugerir uma aplicação imediata à medicina humana.

Por *medicina*, entendo a arte de tratar, de curar e de aliviar o sofrimento das pessoas – medicina no sentido terapêutico. Passei os vinte anos entre a primeira e a segunda edição deste livro procurando fundar uma organização humana altruísta capaz de levar à frente um experimento coletivo, mas não tive o sucesso que imagino que virá mais tarde. Aviões não foram inventados em uma hora. Os obstáculos são imensos; o maior deles é a educação do povo. A desconfiança básica dos médicos, o sarcasmo de altos funcionários do Estado, que gostariam de encaixar tudo em um sistema burocrático existente, a má-fé religiosa dos crentes e peregrinos... são outros tantos obstáculos que não podem ser demolidos em um dia.

O que a maioria das pessoas afirma querer ver é o *milagre*. Mas mesmo quando o milagre está bem diante de seus olhos, elas não querem admiti-lo. Pois o querem ver do modo como foi concebido por elas próprias e por fábulas religiosas: algo parecido com os efeitos especiais de algumas peças teatrais. E apesar de muita coisa já ter sido feita, embora com pouco resultado, contra o grande número de obstáculos erguidos diante de coisas novas e dos remotos esforços para projetar uma vida pacífica normal.

As ciências do espírito humano atravessam as emaranhadas subdivisões dos muitos ramos da ciência do homem físico. A biologia e a fisiologia estão na vanguarda; os experimentos psíquicos são parte do avanço. Mas o problema tratado pela ciência da magia e pelo mistério da alquimia é um segredo que reforma e transforma toda uma civilização, ou uma suposta civilização histórica, que no presente nos torna escravos dos corolários de prolixas filosofias. É um arcano revolucionário, que é assustador abordar, pois sua aplicação e suas adaptações abalariam todas aquelas ideias fixas nas quais se baseia a sociedade moderna.

Mas o primeiro, talvez o único aspecto passível de experimento na sociedade moderna é a terapêutica oculta, para a qual tenho direcionado inúmeros bons amigos que têm me seguido.

São experimentos praticáveis, ao alcance de todos, incluindo médicos e aqueles que conhecem o ABC da anatomia humana; eles podem, estudando a lei cujos elementos estabeleci, tentar esses experimentos.

Tentar, mas sem comentar.

Caso contrário, as pessoas perguntarão, como me perguntaram, se estamos vendendo poderes imaginários – pois pessoas que não refletem negam a mim e a você os poderes ocultos de uma terapêutica superior. Mas embora neguem essa possibilidade ao *ser humano*, atribuem tais poderes, com admirável compunção, a imagens seculares pintadas em uma parede em ruínas ou a uma figura sem valor esculpida no tronco de uma árvore que nunca deu frutos. Não percebem que os milagres das imagens são milagres do homem e das multidões que as adoram.

Várias vezes me disseram que a fé é a grande herança do espírito religioso, que pode fazer qualquer coisa.

Isso é um preconceito. O misticismo é um legado cruel.

Existem muitas categorias dele, que cresce em todos os lugares como erva daninha.

Há um misticismo conectado a todos os aspectos da vida humana, mesmo na família, ao pé da lareira ou cozido na sopa.

Um homem que diz que não pode ser incluído nisso figura como um deus entre os mais perfeitos. Nesse sentido, a magia é divina porque afasta o adepto de qualquer forma de misticismo e faz dele o centro de um campo magnético de amor, cuja radiância elimina o mal, aniquila a dor e dispersa o sofrimento.

Quando este centro concentra seu foco, é criado o terapeuta. É a radiância do amor que cura, e isto é um remédio que não podemos encontrar à venda em nenhuma farmácia e que não pode ser manufaturado ou destilado em nenhum laboratório industrial.

Apesar de tudo, a música dessa terapia continua sendo um som proibido na confusão de canções de todo tipo. A sociedade humana vai continuar a mesma até a vinda de Cristo-Rei, no estilo de Salomão, quando o amor terá estátuas e receberá oferendas como acontecia nos antigos templos – porque os antigos foram os primeiros a emergir após os desastres da época, quando as raças atingiram seu apogeu e foram destruídas por terem violado sua própria sabedoria.

Por isso eu quis tentar um experimento terapêutico – e convido os discípulos da Arte a seguirem o exemplo que dei, um modesto exemplo sem nenhuma crença mística.

O novo experimento ensinará mais que mil volumes.

Não nos dediquemos à tarefa de chamar dez cientistas reconhecidos para devolver à vida um homem que está morto há três dias e que está fedendo por causa da decomposição orgânica.

Não queiramos impedir que um homem doente seja curado por seu médico ou gaste em remédios o pouco dinheiro que tem.

Vamos atribuir a nós mesmos o objetivo de curar *aqueles que vêm até nós*, sem desejar que saibam o que fizemos e muito menos que nos agradeçam. Vamos amá-los e ter a sabedoria necessária para não desejar o impossível. Vamos dar a eles uma palavra de conforto e, com nosso amor, fazer brotar dentro deles aquela força compensadora que age na natureza humana como restauradora do equilíbrio vital.

Um paciente que está sem o equilíbrio da lei da matéria, com variáveis que não podem ser determinadas pela química comum, sem qualquer outra droga além de um ímã imponderável que emana de nós, pode voltar, é com frequência compelido a voltar pela lei das compensações físicas e psíquicas, trabalhando o milagre por si mesmo. Constataremos isso, sem orgulho e sem desejo, mil e uma vezes – é o que basta. Deixemos que agradeçam ao médico pela cura e deixemos o químico vender seus venenos. Isso não é da nossa conta.

Continuemos estudando, meditando, *sem acreditar* – isto é, além da fé nas coisas que todo mundo cultiva.

A Myriam dos terapeutas é uma onda de amor que emana de um centro pulsante de natureza desconhecida, de uma pessoa ou de uma cadeia de almas. A alegoria pode parecer mística, mas tem um nome de mulher, ela que foi a primeira e a mais notável dentre os magos, um receptáculo, um profundo tesouro de Amor, porque – e não se escandalize com a verdade que vou contar – Amor é matéria, como o calor, o magnetismo, a luz, a eletricidade, a radioatividade. Mais forte que todos esses representantes da matéria em movimento, o elemento do Amor servirá como a condição essencial de deslocamento para o enigma da criação e destruição que a multidão de místicos personifica de maneira tola em um *espírito* e, de maneira ainda mais tola, descreve como um *homem*. O enigma é uma lei.

Aponte seu conhecimento para isso.

Não importa o que faça, faça sempre o bem.

Fazer o bem significa amar.

Amar através da maravilhosa distância das esferas, além da visão da matéria que se torna corrupta e transformada. De mundos distantes chama de volta as almas e as influências geradoras da corrente astral, a Grande Serpente dos Cabalistas Judeus; da alma adorada expulsa qualquer motivo de corrupção, destruindo os elementos negativos que a transformariam.

Leve em conta que qualquer natureza em equilíbrio, qualquer organismo animal, do menor ao mais avançado, tende a morrer porque nasce com o instinto para a eterna transformação através da lei do amor.

Amor e Morte são os dois fatores da Vida. Ao amar, você evitará a dor da Morte, além da qual a alma não amada experimenta o deleite sensual da regeneração pelo Amor.

Dante repete isso em palavras misteriosas aqui e ali; Leopardi cantou-o como se estivesse em uma aura de arrebatamento e desejo.

Logo você entenderá o segredo da Myriam regeneradora. Assim que aprender a amar.

Só então será capaz de me dizer, sem me julgar antecipadamente, se escrevi ou não este livro inspirado pelo mais elevado afeto por quem o lê e com a gratidão mais profunda por aqueles que, depois de o lerem, tornam-se bons, dedicados sem interesse e exclusivamente à causa do bem, que no futuro unirá homens, povos e nações como irmãos, fazendo da Terra um lugar de amor e paz.

Giuliano Kremmerz

Primeira Parte

Introdução à Ciência do Oculto

A Ciência é para Quem a Conquista

Que necessidade existe hoje do *oculto*?

Pois hoje, o que se espreita nas sombras é terrível: criminalidade, desonestidade, fraude.

Nada do que conhecemos como *ciência* se esconde em um templo e diz *eu temo a luz*. O conhecimento de cada nova verdade é como uma corrente que aumenta o oceano de realizações que contribuem para o bem-estar humano.

Você sabe de alguma coisa que os outros não sabem? Publique um livro e explique.

Assim, decidi escrever para me fazer *entender* e para *ensinar* como podemos ajudar os outros a terem *sucesso*.

Vou falar e escrever com clareza. Quanto a você, para me entender da maneira correta, faça apenas, com escrupulosa fidelidade, tudo que for preciso para este fim. Para que *entenda* com clareza o que escrevo, *fale* o menos possível, sem ficar discutindo um ou outro fenômeno e sem dizer, como diz o ignorante: *Nunca vi isso, portanto não é verdade*.

É preciso estudar, ficar calado e esperar. É preciso entender bem as coisas e experimentá-las com cuidado. Se o experimento falhar, não diga: o mestre é *maluco*. Diga simplesmente que não entendeu e tente outra vez.

A ciência é o pão de todo homem: a ciência foi democratizada a ponto de transformar crianças em químicos. Mas pessoas de bom senso compreendem que, até agora, nem o cálculo integral nem o infinitesimal tornaram-se populares. E, uma vez que razão mais elevada da ciência oculta é a álgebra da filosofia elementar, a sublime matemática em sua aplicação à realidade de coisas existentes, não poderão me acusar de obscurantismo se mentes que não estão preparadas para o cálculo não conseguem pegar as abstrações em seu voo.

De minha parte, no que for permitido pela natureza das coisas, vou mantê-las simples para que aqueles que tenham menos experiência as possam compreender facilmente. Mas como também preciso indicar o caminho para os que sejam capazes de enxergar mais à frente, os que estão autorizados a ver coisas mais elevadas, peço desculpas se recorro a ideias que estão além do alcance de observadores de pássaros que sofrem de miopia.

Este livro foi escrito para os *muitos* que querem se preparar e para os *poucos* que podem digeri-lo de forma completa.

A ciência é concedida a todos – mas, de forma total, apenas àquele que a conquista.

Magia, o Mago e o Segredo Incomunicável

Temos uma ideia clara da magia e do mago?

Magia* é sabedoria absoluta, o que significa que é a síntese de tudo que é, *foi* e *será*. É uma palavra que abrange todos os atributos da

---

* *Magheia* em grego, da qual a palavra magia é derivada, é uma alteração da palavra *mag*, que em persa antigo significa o sacerdote mais elevado e mais sábio.

onipotência divina, se por Deus entendemos a inteligência suprema que cria, regula e preserva o Universo.

A *magia*, como ciência idealmente perfeita, é aplicável e praticável:

1. Na religião (governança das consciências coletivas).
2. Na política (governança de interesses nacionais).
3. Nas famílias (o fundamento ético e moral do Estado).
4. No homem (a esfinge enigmática da pessoa instruída comum).

O mago é aquele que possui a ciência de Deus, é seu repositório vivo e quem o usa.

Esta ciência é tão poderosa que faz com que aqueles que se tornaram mestres do segredo divino percam qualquer desejo de falar sobre ela; na verdade, aqueles que atingiram a meta fizeram todo o possível para não escrever sobre a verdade, exceto de uma forma quase ininteligível, mesmo para aqueles que tenham alguma compreensão intuitiva acerca dela.

Basta pensar que os antigos sacerdotes só compartilhavam essa ciência nos templos com aqueles que se tornavam dignos de aprendê-la e praticá-la depois de longas e terríveis provações, e que ela era passada pouco a pouco, em ritos e cerimônias que nossa Igreja Católica preservou nas ordens sagradas.

Pode-se, então, afirmar que aqueles que ensinavam essa ciência terrível e conheciam sua importância procuravam qualidades que um homem comum não possui.

O dr. Encausse dá a seguinte definição de magia: "A magia, considerada como ciência, é o conhecimento da formação trinitária na natureza e no homem, por meio da qual a onisciência do espírito e seu controle sobre as forças da natureza podem ser alcançados pelo indivíduo enquanto ele ainda está em seu corpo. Considerada como arte, a magia é a aplicação desse conhecimento à prática".

Imagine que seu filho pedisse uma pistola carregada, encarando-a como um brinquedo. Você poderia dar a ele um dispositivo tão perigoso sem negligenciar os deveres de um pai para com os filhos e de um homem para com a humanidade? A verdade é que você só daria uma arma a seu filho no dia em que tivesse certeza de que ele a usaria para salvar sua vida, não para ferir você ou a si mesmos.

O mestre conduzia a educação do profano até o fim, levando o neófito ao sacerdócio de forma lenta. O sacerdote mais elevado era o *adepto*, isto é, aquele que tinha alcançado a sabedoria mais elevada: o mago.

Cristo resumiu toda a preparação mágica em: "Amarás ao teu próximo como a ti mesmo" e "fazeis aos homens tudo o que quereis que eles vos façam". Os que se empenham de todo o coração na prática desses dois preceitos e se conduzem de forma discreta estão prontos para começar.

Perfeita retidão de atitude; uma clara noção do que é bom; uma total aversão à criação do que é mau; um grande amor por seu semelhante; uma consciência livre de qualquer mácula; nenhum desejo que não seja para o bem dos outros; nenhum medo do mal que pode nos atingir quando estamos fazendo o bem – é dessa forma que o mago é como o santo, e digno dessa grande ideia do bem que é Deus.

Éliphas Lévi (abade francês Alphonse Louis Constant) escreveu:

> Sim, existe um segredo formidável, cuja revelação já derrubou um mundo, como o atestam as tradições religiosas do Egito, resumidas simbolicamente por Moisés no começo do *Gênesis*. Este segredo constitui a ciência fatal do bem e do mal, e o seu resultado, quando é divulgado, é a morte. Moisés o representa sob a figura de uma árvore que está *no centro* do Paraíso terrestre, e que está perto, e até ligada pelas suas raízes à árvore da vida; os quatro rios misteriosos têm a sua fonte ao pé desta árvore, que é guardada pela espada de fogo e pelas quatro formas da esfinge

bíblica, o Querubim de Ezequiel... Aqui devo parar; temo já ter falado demais.

Sim, existe um dogma único, universal, imperecível, forte como a razão humana, simples como tudo o que é grande, inteligível como tudo o que é universal e absolutamente verdadeiro, e este dogma foi o pai de todos os outros.

Sim, existe uma ciência que confere ao homem prerrogativas em aparência sobre-humanas.*

Bem, se esse terrível segredo existe, não é a um santo que deve ser confiado?

O Universo e o Homem na Doutrina Oculta

Para entender bem, e de forma clara, tudo que foi escrito sobre as ciências ocultas, a magia e tudo mais nesse campo, devemos entender o que se encontra na base da teoria e prática da magia.

Na magia, o conceito do Universo é a síntese de tudo que existe. Tudo que existe é uma unidade, uma síntese de três elementos essenciais: *matéria*, *vida* e *energia*.

A grande síntese é completamente análoga em suas partes.

Se subimos uma montanha onde nenhuma folha de grama pode ser encontrada e nenhum pássaro canta, achamos que estamos sós? Nós, as pedras, o ar que respiramos, as estrelas no céu, são todos uma coisa só em um mesmo Universo. Pegue a sua razão humana, amplie-a

---

* Extraído de *Dogma e Ritual da Alta Magia*, Editora Pensamento, São Paulo, 2ª edição, 2017, pp. 48-9.

para a razão do mundo e você vai adquirir o senso da razão do mundo. Sua alma é a alma do mundo.

Dessa noção nasceu a astrologia: a palavra (ou logos) das estrelas.

Hermes diz, em *Tábua de Esmeralda*, que tudo que está em cima é como tudo que está embaixo, e saber disso é o bastante para produzir o milagre de algo.

Estude o homem e conhecerá o Universo, estude o Universo e conhecerá o homem; do Universo, desce ao homem e aplica a ele as leis do Universo; do homem, volta a subir para o Universo e descobre as leis ocultas de lá. O homem tem uma alma, um pensamento, uma direção, um propósito: o mesmo acontece com o Universo. O Universo tem movimento, respiração, evolução, retorno: o mesmo acontece com o homem. Tudo é análogo e o processo mágico por excelência é analogia. Mesmo o símbolo sagrado, sujeito a tentativas de explicá-lo por meio das semelhanças, é analógico; o mesmo acontece com a lei dos milagres e dos procedimentos mágicos, e o estudo da analogia leva ao conhecimento da magia ou da sabedoria de Salomão.

O fluxo vital é único.

O processo de evolução e involução da ação na vida universal é uma constante.

Essa *força* ou *corrente vital* se transforma conforme o meio que ela nutre e ao qual dá vida, adquirindo uma nova forma.

Papus escreveu:

> Tudo é analógico; a lei que governa o mundo também governa a vida de um inseto. Estudar de que modo as células se reúnem para formar um órgão é estudar o modo como os reinos da natureza se reúnem para formar a Terra, um órgão de nosso Universo; é o modo de estudar como as pessoas se reúnem para formar uma família, um órgão da humanidade.

Estudar a formação de um dispositivo por meio de suas partes é análogo a aprender sobre a formação de um mundo a partir de planetas e de uma nação a partir de famílias, ou ainda aprender sobre a constituição do Universo começando dos mundos e da humanidade a partir das nações.

Tudo é análogo: conhecer o segredo da célula significa conhecer o segredo de Deus. O absoluto está em toda parte – a totalidade é indivisível em seu todo e em suas partes.

Pelo que vimos antes, fica claro que a definição de *vida*, que à primeira vista parece fácil, é muito mais geral do que se costuma pensar. Para a humanidade, a vida é a força regeneradora de órgãos carregada pelos corpúsculos sanguíneos; mas isso na verdade é *vida humana*, não Vida. Essa força é na verdade apenas uma modificação do ar, que inclui a vida de todos os seres da Terra. Se quisermos, como fazem a maioria dos cientistas contemporâneos, identificar a origem da vida na atmosfera da Terra, podemos parar por aí. Mas a atmosfera da Terra, como o sangue humano, toma seus princípios doadores de vida do alto, do próprio Sol.

Podemos, então, voltar ao infinito; mas como nosso conhecimento científico geral está limitado a nosso mundo, não podemos ir mais longe e, quando percebemos que a força do sangue vem do ar, a força do ar vem da Terra e a força da Terra vem do Sol, dizemos que a vida é *força solar transformada*.[*]

A partir do que eu disse, a compreensão analógica de qualquer coisa que mude na vida universal torna-se clara.

Passemos agora ao homem, que nos interessa particularmente.

---

[*] *Traité Méthodique de Sciences Occultes* [Tratado Metódico de Ciências Ocultas], tradução de 1891.

Para alguns, o homem é *matéria*, para outros (teólogos) é *matéria* e *espírito*. Para a ciência dos magos, ele é o reflexo da vida do Universo e, portanto, tripartido em sua formação: *corpo, meio plástico* ou *corpo astral* e *alma*. O *corpo astral* pode sair do corpo físico de modo consciente, como acontece com adeptos ou iniciados perfeitos (magos); ou pode sair de modo inconsciente e, consequentemente, sujeitar-se às influências casuais do momento (espíritos errantes), como acontece com qualquer *médium*.

Quando o corpo vai à falência ou se despedaça, o corpo astral alça voo e o homem morre. Se um homem sobrepõe seu corpo astral ao corpo astral de outra pessoa, ele a magnetiza.

Como desejo estabelecer as bases do que o ocultismo ensina, para uma compreensão clara de tudo que vou encaminhar para publicação, não entrarei aqui em um exame analítico dos elementos que compõem o homem na formação de seu corpo astral.

Espiritismo

Quando apresentei ao público, como introdução ao que em seguida publicaríamos, o novo material com definições e opiniões sobre *ciências ocultas*, não pretendia escrever um livro de propaganda espírita – muito pelo contrário. Pretendia apresentar um panorama efetivamente enciclopédico do mistério, como ele é compreendido em *magia*, como ponto mais elevado de sabedoria humana e divina, chave para o templo oculto da natureza no qual o homem se aproxima de Deus, tanto em sua concepção quanto em sua concretização.

A história moderna começará quando um novo tipo de química analisar os elementos da alma que constituem a pessoa individual e fazer com que ela se desenvolva, e isso marcará o fim de um longo período de escuridão em que o homem não se conheceu.

As ciências ocultas incluem o espiritismo, assim como o magnetismo animal e a teurgia, embora o espiritismo seja o primeiro e único domínio, após o magnetismo animal, que interessa àqueles que não reconhecem sabedoria nem verdade além dos limites de sua compreensão e de sua autoridade.

Um educador francês, Rivail, escrevendo sob o pseudônimo de Allan Kardec, deu o primeiro grande impulso à popularidade do espiritismo que, por meio de uma publicidade bem-sucedida, difundiu por toda parte que havia pessoas que desejavam conversar com a alma de uma pessoa morta ou curiosos que sentiam prazer ao ver uma mesa se mover.

Poderíamos dizer que a *magia* – uma palavra terrível, assustadora, suspeita – acabou sendo inteiramente esquecida diante desse sucesso da moda, que não assusta consciências temerosas com a mesma força que a mãe de toda a sabedoria humana.

O *espiritismo* tem tido sorte e sucesso porque é mais adequado ao nível comum de inteligência e está mais próximo da doutrina da Igreja Católica Militante, graças à sua concepção idealista da alma, dos espíritos dos mortos e do anjo da guarda.

O *espiritismo* ensina que o homem é composto de três partes inteiramente distintas:

1. O corpo físico.
2. O espírito.
3. O "perispírito", que marca o elo entre o corpo material e o espírito.

O *perispírito* acompanha o espírito do homem após a morte do corpo físico.

O espírito, ou alma humana, tende a um aperfeiçoamento interminável por meio de sucessivas *reencarnações*.

Entre duas encarnações sucessivas, as almas permanecem em um espaço interplanetário e podem se comunicar com os vivos.

O *médium* é a pessoa que atua como meio de comunicação entre o espírito da pessoa morta, ainda não reencarnada, e os vivos.

Por intermédio dos *médiuns*, os espíritos podem produzir todo tipo de fenômenos: mentais, sensíveis e físicos.

O *médium*, em suma, é um ser que, devido a uma constituição privilegiada, é escolhido pelos espíritos para suas manifestações.

Os que praticam o *espiritismo* de Allan Kardec classificam os *médiuns* conforme sua inclinação e o teor das manifestações.

Sem entrar na teoria do *espiritismo*, é tolice não reconhecer fenômenos espíritas ou fenômenos derivados de práticas espíritas.

É certo que, mesmo os que mais se destacam na discussão acadêmica e os mais incrédulos com relação a certos fenômenos materiais e sensíveis não foram capazes de negar ou refutar tudo.

Ainda assim, a suspeita de trapaça, fraude e má-fé deve levar os ensinamentos de volta ao terreno de experimentos que são estritamente científicos e irrefutáveis. A ciência oficial reconhecida, à medida que seu conhecimento progride, rejeita as antigas designações de forças e fenômenos, dando novos nomes a ambos.

A *força ectênica* do professor Thury, de Genebra, é uma forma de manifestação e percepção do corpo astral ou fluídico dos ocultistas – semelhante à *força psíquica* sugerida por Cox.

Assim, planejei falar de *magnetismo animal*, após tudo que eu já disse, para chamar a atenção dos pesquisadores para o *hipnotismo*. A sábia Europa, que dita de que modo vão soprar os ventos científicos, não queria aceitar, desde o século XVIII, os experimentos de Mesmer e punha em dúvida os de Du Potet, Puységur e outros da primeira metade de nosso século, até ser convencida de forma triunfante por Charcot e seus experimentos na Salpêtrière, que deram o *hipnotismo* à ciência médica ativa e, com ele, uma maneira de entender o magnetismo animal.

A ciência oficial admite que existe uma força no homem (hipnótica, psíquica, ectênica), mas não determina ou aceita a ideia de que essa força é continuamente posta em movimento por uma *inteligência externa ao sujeito ativo que a opera*. Admite, sem dúvida, a potencialidade dessa força, mas exclui a mediunidade; isto é, nega a intervenção de um *espírito inteligente,* ou *entidade inteligente,* alheio às forças puramente físicas ou naturais do operador.

Vamos então começar não desprezando o oculto e admitindo a existência de uma *força no homem que não é evidente,* mas que é capaz de aumentar seu potencial, e passemos de experimentos conhecidos a aplicações muito mais complexas, que pertencem ao domínio da ciência secreta tradicional – *secreta* por razões desconhecidas, mas que talvez aqueles que hoje se opõem com violência a esta palavra terrível defendessem se compreendessem que grandes efeitos essa força pode ter quando manejada por alguém que possui a chave verdadeira.

Em suma, então, a ciência de nossas universidades, reconhecendo a existência de uma *força diferente das já conhecidas,* não pode deixar por mais tempo em dúvida esta ou aquela afirmação do ocultismo.

Crookes respondeu às críticas de Balfour dizendo que a *força eletrobiológica* poderia ter cativado a ele e seus amigos, mas não os dispositivos mecânicos que haviam registrado os fenômenos.

Bem, até que ponto os cientistas poderiam jurar que a força que os fascina não é a mesma que move os dispositivos de controle dos experimentos? E se o caso fosse esse, o edifício inteiro do experimentalismo mecânico não viria abaixo?

E não seria melhor se abster de plantar em mentes frágeis uma dúvida atroz que, embora seja parte de um arcano muito elevado da filosofia secreta dos magos, eu não me atrevo a formular por medo de causar danos irreparáveis?

Considere de maneira isenta a demonstração de fatos, de evidências, julgue com calma, com precisão e exatidão matemática, e me diga para onde os experimentos iniciados por cientistas contemporâneos podem nos levar.

Tudo que foi dito até agora é apenas uma introdução à magia de faquir,* aos exercícios do *corpo astral*, como corpo e força, como guia potencial, ativo por si só, que pode atingir limites insuspeitados pela maioria dos homens – mas bem conhecidos pelo ocultismo, algo que os antigos dominavam e praticavam melhor que nós. Suas escolas iniciáticas eram escolas operacionais: naquela época fazia-se mais e conversava-se menos.

Mas, ao final desta introdução, voltaremos ao tema da magia além das *forças*, no campo das *inteligências*.

●—◆—●

Deixe-me esclarecer que eu preferia o título *Aviamento alla scienza dei magi* [Introdução à Ciência dos Magos] para esta obra didática, não só porque *magia* é uma palavra mais adequada para definir a ciência sintética, mas também por causa do uso indevido no mundo contemporâneo de palavras como *oculto*, *ocultismo*, *teosofia* e outras.

Não querendo entrar nesse uso indevido, chamo a atenção do leitor para a importância e substância do *espiritismo*.

Sendo, como doutrina moral, uma verdadeira religião para a alma dos mortos, ele é pura e idealmente cristão, com exceção da noção de sucessivas encarnações.

Estabelece a formação tripartite do homem, que é constituído de um *corpo*, de um envoltório ou segundo corpo fluídico, também chamado de *perispírito*, e de uma *alma*.

---

* Faquir, seguidor do bramanismo que usa todos os seus poderes ocultos para produzir fenômenos espantosos. Os sacerdotes usam os faquires nos templos para inspirar os fiéis.

Afirma o desaparecimento do corpo na morte e a continuação do corpo fluídico junto com a alma.

Declara que o homem pode desenvolver uma sensibilidade especial que permite que o espírito dos mortos se manifeste de alguma forma – a *mediunidade*.

Essa, em poucas palavras, é toda a doutrina dos espíritas.

Uma mesa gira, uma sineta voa, uma caneta se move na mão de um *médium*: isso é indiscutível.

Mas como a mesa gira, como a sineta voa, como a caneta se move: este é o mistério.

O observador externo diz:"É força psíquica, é magnetismo, está irradiando força nervosa, é força eletrobiológica, automação inconsciente".

O espírita, por outro lado, acredita que tudo é o trabalho de espíritos que querem se manifestar às pessoas.

A antiga ciência oculta, *a ciência dos magos* – da qual a evocação dos mortos ou *necromancia* é uma das mais assustadoras partes, proibida aos neófitos – concorda com o primeiro, não com o segundo. Não porque a comunicação de um espírito com uma pessoa viva não possa às vezes acontecer, mas porque em geral isso não acontece.

Considere-se sempre como uma unidade sob a lei trinitária, assim como o Universo, com uma função mental (inteligência, espírito), uma forma material (corpo) e uma atividade proveniente desses fatores, situada entre as duas naturezas, a material e a mental (o perispírito). Isso tem como consequência que a morte não separa o corpo físico de um corpo invisível inteligente – e, portanto, não há espíritos dos mortos. Na realidade, o verdadeiro chamamento dos mortos é impossível, assim como sua evocação mental no sentido em que isso costuma ser compreendido.

O erro dos atuais divulgadores do *oculto* é a pressa em incutir no público em geral o princípio da antiga ciência sagrada, esquecendo que a ciência (ver acima) é o pão de todos [...] mas que só se abre por completo para os que a conquistam.

As massas têm religiões.

O *cristianismo*, em sua essência, é a religião por excelência, com a qual a doutrina espírita não pode, seja como religião ou como heresia, competir.

Então, o que o *espiritismo* faz?

Duas coisas.

Se produz fenômenos, chama a atenção de observadores vindos de fora para os poderes latentes do organismo humano, contribuindo, assim, para o progresso humano e cumprindo sua missão ao passar dos salões de entretenimento inocente para as universidades.

Se, por outro lado, não fizer as cadeiras pularem e os sinos tocarem nem procurar iniciar uma conversa com um espírito que foi evocado e que nunca dá provas de sua verdadeira identidade, cumpre sua missão de fazer as pessoas inteligentes se perguntarem se não pode haver um meio menos equivocado de encontrar a verdade e, assim, prepara os neófitos para a ciência dos magos.

A primeira missão está cumprida: sem *espiritismo*, os fenômenos paranormais não seriam discutidos hoje – mas a segunda não está, porque é difícil convencer os que adquiriram o gosto de conversar com o espírito da *Virgem Maria* de que eles estão loucos.

A *magia* é a ciência suprema, a mais elevada razão do existente e do possível, a lei da sublime e oculta matemática de todo o Universo sensível, e o mago tem de combinar a pureza de um santo com toda a ciência e clarividência de um homem sensato.

Na realidade, mesmo na explicação da doutrina unitária, o espiritismo é rudimentar.

O conceito de Universo como unidade leva, na *magia*, ao princípio da *unidade de força e unidade de matéria* que alguns intelectos superiores já vislumbraram em seus estudos fora do ensinamento da magia.

Neste caso, a magia, na qual *nenhum progresso* da ciência vulgar será jamais capaz de encontrar falhas, identifica muitos modos de existência da força exclusiva da matéria exclusiva, que começa com o metal e, do líquido ao gás, chega a reduções infinitesimais.*

O *espiritismo*, no entanto, admite um fluido indeterminado fora dos mundos habitados, onde nadam e andam muitas gerações de espíritos envoltos em seus perispíritos, sem pensar em nada mais que a próxima reencarnação.

Isso não está de acordo nem com a razão, que é ciência,** nem com o dogma tradicional dos magos, nem com a religião. O *espiritismo*, portanto, é anticientífico, antitradicional e antirreligioso.

Em vez disso, a *magia* ensina a unidade de força e matéria na corrente vital ou astral – a grande serpente de transformação na qual, como em uma placa fotográfica muito sensível, a menor oscilação de um pensamento gera uma forma.***

O *perispírito*, segundo os espíritas, acompanha a alma do homem após a morte e se conserva, enquanto, de acordo com a *magia*, o princípio divino inteligente tende a uma progressiva atenuação, até ser assimilado em Deus.

Esse é o *Nirvana* do hinduísmo.

---

* Essa é a base da Alquimia, que seus poucos pesquisadores acreditam ser química rudimentar, quando é, na verdade, a filosofia da química.

** A ciência é luz e razão.

*** Luz astral... Existe uma força na natureza que é mais poderosa que o vapor. Um homem que a dominasse por completo poderia mudar o mundo. Essa força era conhecida pelos antigos. Ela reside em um agente universal cuja lei suprema é o equilíbrio (Éliphas Lévi). Esse agente, cuja primeira manifestação é a força magnética, constitui a materia prima da Grande Obra dos iniciados da Idade Média. É o protoplasma do Universo, o Azoth dos alquimistas, o pólen universal.

No espaço, onde os espíritas colocam os espíritos dos mortos mais ou menos perfeitos, a ciência coloca *todas as formas fluídicas*, todas as coagulações do fluido da vida universal:

> *Os espíritos dos mortos;*
> *os corpos astrais* dos médiuns e iniciados errantes;
> *os espíritos elementais** ou espíritos dos elementos;
> *aquilo que foi concebido pelo homem;*
> *os lêmures, as larvas* e todas as criações pecaminosas e incompletas.

"A luz astral", diz Éliphas Lévi, "está cheia de almas, que ela libera na contínua geração de seres. Essas almas têm vontades imperfeitas que podem ser subjugadas, passando a servir vontades mais poderosas. Elas formam grandes cadeias invisíveis e podem dar origem e determinar grandes comoções dos elementos".

Nas formas latinas usadas pelos ocultistas dos séculos passados, como acontece em nossos ensinamentos iniciáticos em italiano, não é usado *elementares* para indicar almas humanas e *elementais* para indicar outras.

Nossa palavra antiga e habitual é *espírito*, do latim *spiritus*, sopro exalado pelo criador, sopro de vida e amor. Então, quando chamamos algumas almas de *espíritos de homens*, chamamos outras de *espíritos de elementos ou elementais*, que são criações inferiores ao homem e mais imperfeitas.

---

* Os ocultistas franceses, dos quais o dr. Papus é o intérprete instruído, usam elementar [élémentaire] para designar o espírito do homem após a morte, ou melhor, os restos fluídicos do homem após a derradeira jornada, e *elementais* para designar os seres instintivos e mortais entre o mundo físico e o mundo intelectual. São espíritos ou almas dos elementos capazes de fazer o bem e o mal de acordo com a vontade que os guia e os domina.

Mas trata-se da perfeição, ou não, de forma e força; os princípios inteligentes interpretados pela antiga Cabala* continuam a série da progressão de inteligências até a unidade divina.

Só que isso não é suficiente, e os espíritas gostariam de saber como o mago vê, como ele opera e como ele entra no reino astral.**

Antes de mais nada pelo raciocínio. A razão é a primeira tocha que nos deixa mais próximo da verdade. Em segundo lugar, não se iludindo. Finalmente, obrigando-se a não falar, a viver sem qualquer orgulho e sem "atirar pérolas aos porcos".

Para Concluir

Eles têm boca, mas não falam;
Têm olhos, mas não veem;
Têm ouvidos, mas não ouvem;
Têm nariz, mas não cheiram;
Têm mãos, mas não tocam;
Têm pés, mas não andam.

SALMO 115, 5-7

Queridos amigos,

Nessa introdução didática, reuni em ordem lógica o complexo de definições, opiniões e ensinamentos que podem ajudar na compreensão de tudo que publicarei na presente antologia.

---

* Os *cabalistas* são os ocultistas da tradição judaica ocidental; o fundamento de sua filosofia é a *Cabala*, moldura de ideias de natureza absoluta, cujo ensino era tradicional do mestre ao discípulo.

** Frases curiosas que sugerem que aqueles que as usam se enredam em mil e uma imprecisões, mesmo de ideias rudimentares relativas à prática mágica.

Quis, em suma, fazer uma distinção nítida entre duas coisas que as pessoas em geral confundem:

1. Os fenômenos físicos pseudointeligentes que o organismo humano (alma e perispírito) pode produzir sob certas condições do sistema nervoso: isto é chamado *espiritismo*.
2. A sabedoria absoluta, universal, chave para todas as ciências – na qual nenhum progresso humano jamais encontrará falhas –, sabedoria absoluta que tem a chave para tudo que existe, que tende a desenvolver as *faculdades divinas no homem e que o liga aos deuses, que não são espíritos dos mortos, nem abortos da vida terrestre, nem elementos da vida universal.* Ela é chamada de *magia*.

Sem dúvida, a magia inclui espiritismo, magnetismo, astrologia, alquimia e todas as variedades conhecidas das manifestações das forças ocultas no homem e na matéria; mas, ao mesmo tempo, a magia inclui uma filosofia mais elevada e uma prática filosófica oculta, que dá o ponto de partida para que quem a compreende melhor e consegue dominá-la deixe o mundo dos fenômenos da matéria e entre no mundo da *divina Unidade*.

Sob este segundo aspecto, a *magia* é sabedoria divina e o mago que a atingiu já não pertence a este mundo de sofrimento e ilusões. Embora razões bastante arcanas o façam caminhar no lodo humano, somente seu corpo físico pertence à Terra – seu Ego, sua individualidade inteligente vive naquele céu de sublime verdade (ao qual Dante e os neoplatonistas de seu tempo faziam alusão no simbolismo da Luz) preparando-se, rezando e esperando para ser *Deus*.

Segunda Parte

Elementos de Magia
Natural e Divina

Unus, Pollentissimus Omnium!*

Oh Sol, Deus radiante, nosso pai, que cria formas e através da sombra dá alívio a coisas visíveis no mar de seu eterno esplendor, ilumine com sua *divina luz* aquele que, puro de coração e mente, lê neste livro as leis e práticas para ascender ao poder dos deuses: deixe que ele entenda, e que não entenda mal; dê-lhe a humildade de saber que é ignorante e a virtude para elevar-se acima da visibilidade da vida terrena para onde a voz da Besta não o seduza e ele possa sentir o sopro de seu Espírito fértil.

Oh Sol, tu que varres as trevas da grande noite de apaixonados fantasmas, dos espectros dos desejos mais descontrolados, das orgulhosas criações da arrogância humana, ilumina a ignorância daquele que, purgado das influências da volúpia das coisas temporais, está sedento pelas verdades eternas – e deixa o idólatra da Besta, preso à vanglória da ignorância, sentir teu raio divino e preparar-se para o advento de Cristo.

---

* Uno, mais Forte que Tudo! (N. do T.)

Oh Sol, Deus brilhante, perdoe aqueles que me leem de má-fé, padres cegos ou charlatães; doutores de teologia que não conseguem distinguir a palavra de seu Espírito; adoradores cultos do ácido carbônico, de micróbios, de soros; críticos que nada sabem; e fanáticos que têm medo. Deixe seus Mensageiros da Luz, anjos alados e demônios com chifres convertê-los ao entendimento da verdade das coisas invisíveis.

Mas você que esconde sua luz apenas dos cegos, *Oh Sol*, não negue seu raio e providência àquele que, lendo sem mérito de alma e coração, quer que uma única prova seja convertida em verdade. Mas se a *prova* não for suficiente e o tentador dos deuses faz de modo obstinado outra tentativa sem fé, seja tão clemente quanto é magnífico.

Perdoe a fragilidade do presunçoso. Não deixe seu demônio vermelho excitar seu sangue e não permita que o cérebro dele entre em uma erupção de loucura com as imagens divagantes, fugazes e de luxúria pelo inexistente.

Perdoe, *Oh Sol*, e controle sua raiva terrível contra sofistas mal-intencionados e menestréis da sabedoria humana. Enquanto eles negam, o galo canta e o alvorecer da luz das almas, das inteligências, rompe no leste, sobre os picos de montanhas muito altas que escondem a cidade de Deus do olho humano.

Enquanto zombam do que não podem ver, acariciam as ovelhas, que logo serão tosquiadas, e os grandes melros, que logo serão depenados. Procuram as notas de dinheiro e o paraíso dos cortiços – enquanto isso o galo volta a cantar, a aurora se torna alvorecer, o mundo desperta para a luz e deixa as corujas, amantes da longa noite, em seus ninhos para bicar o cadáver da grande mentira que as alimentou na noite passada.

Para os que acreditam, que amam, que têm esperança, vai o verdadeiro sentido de minhas palavras, que é sua lei.

Preparação

I

Se depois de ler a introdução, onde condensei, em grandes pinceladas, tudo que tem sido dito e escrito sobre esse problema do extraordinário, decidir continuar lendo o que prometi apresentar, aviso que, a partir de agora, acredito que tenho o direito de considerá-lo meu discípulo. E advirto que, como meu discípulo, se quiser entrar no mundo que os outros não conseguem encontrar, não deve crer em ilusões, nos preconceitos de sua consciência vulgar. Embora as belas pinturas profanas sejam sedutoras na sua variedade de cores, se prepare para ver ao seu redor as ilusões dos hábitos *desaparecerem* e para enxergar onde os outros só encontram o negrume da escuridão.

Toda inteligência humana se esforça para apreender o segredo de Deus e daí a mixórdia das ciências profanas, da astronomia à química analítica, da física de meteoros às especulações sobre micróbios, da física experimental à fisiologia do sistema nervoso e das ciências embriológicas a todas as outras ciências, infinitas em número que, recém-nascidas ou prestes a nascer, parecem ser a última palavra da verdade, quando, na realidade, não são mais que reticências na cegueira da grande massa humana que tenta escalar o Olimpo.

Assim, desde o início dos tempos, a humanidade tem sido dividida em duas classes distintas: os *simples* que, de modo inconsciente, recordam o *mundo antes da malícia humana*, e os *astutos*, que negam tudo para não serem classificados entre os tolos. Os primeiros têm a *fé* como companheira; os segundos, o *medo* de serem enganados; eles são os extremos cujo termo médio é representado pelos *iluminados* que estavam e estão sempre presentes em todos os países, em todas as raças, em todas as épocas, para agir na escuridão da jornada humana como uma tocha para a onda de criaturas que, entre vanglória, espasmos e impotência, estão a caminho de deixar os cemitérios cheios de ossos, onde a vaidade ergue mausoléus que parecem eternos e que, na visão da eternidade, não passam de um raio de luz!

Os videntes, os iluminados, os iniciados de todas as épocas têm pregado incessantemente que, se a multidão tem acesso à doce esperança da fé, os médicos não estão autorizados a fingir serem juízes de Cristo, querendo tratar manifestações divinas com o mesmo método que Galvani usava para lidar com rãs. E neste trabalho, advirto mais uma vez esses falsos homens de sabedoria, cuja genialidade tem sido desviada por doutrinas profanas, que o conhecimento de Jeová não pode ser considerado um brinquedo e um objeto da vaidade humana.

Hermes, nos antigos aforismos mágicos, patrimônio de eterna revelação divina, ensina que, para familiarizar-se com um cão, é necessário nos transformarmos em cão, um aforismo ou dogma misterioso que deve ser interpretado de maneira literal: vamos nos tornar um deus, um anjo ou demônio se procurarmos a amizade de deuses, anjos ou demônios e, para ter um relacionamento com a alma dos mortos, precisamos viver a vida dos mortos.

Nisso reside toda a prática e doutrina necessárias para penetrar no invisível. Aqueles que não têm coragem de abandonar suas ilusões mundanas e pôr o intelecto acima de todas as sensações fugazes e ilusórias da matéria; aqueles que, mesmo se declarando homens de fibra e de coração puro, não conseguem dominar o prazer e a dor da natureza humana... devem renunciar ao mundo em que os seres mais puros e mais perfeitos têm a compreensão da verdade.

As antigas escolas de iniciação, dos caldeus aos egípcios, e destes aos templários e seus herdeiros, não aceitavam um discípulo sem testar sua coragem e sua fé. Estou me referindo a testes com fogo, resistência à tentação do desejo, coragem para não ceder diante de aparições assustadoras.

Tenho certeza de que chegaria lá, apesar de todos os pesadelos que os sacerdotes tiveram de enfrentar nos dias de outrora. Mas há um monstro que precisamos derrotar antes de bater à porta do oculto. Esse ogro do jovem consciente é chamado de *opinião pública*.

Não temos medo de monstros, do fogo, dos elementos, mas, como resultado da corrompida formação social de nossa época, podemos ter medo *do que as pessoas pensarão a nosso respeito* se nos virem mergulhados em um livro "maluco" ou nos deixando levar pelas manias dos loucos!

Esse é o momento fatal.

Se somos indiferentes ao desprezo das pessoas, se, entre o equilíbrio da razão bem definido e as palavras das pessoas que zombam de nós, somos fortes o bastante para nos separarmos do mundo, começaremos *a ser*: começaremos *a viver nossa própria vida*; começaremos a ser vitoriosos sobre a maioria numérica das ilusões e veremos que o quadro muda assim que nosso gênio toca nossa testa e mostra às pessoas que somos superiores à natureza vulgar. Veremos as pessoas que zombavam e riam de nós virem nos pedir uma resposta ou uma orientação para evitar uma catástrofe.*

As ações do discípulo só devem ser avaliadas pela premissa da liberdade, pelo julgamento equilibrado que traz a intuição do nível de perfeição do espírito humano.

O cérebro do homem é um santuário que reflete com absoluta lógica todo o esplendor da razão divina quando não é abalado pela congestão das paixões humanas.

---

* Depois da opinião das pessoas, você pode ser assaltado pelo receio de que sua consciência cristã possa entrar em conflito com os estudos que iniciou livremente. Eu asseguro que me manterei sempre em harmonia com os autores cristãos que escreveram sobre essas nossas coisas e que a Igreja de Roma não excomungou nem baniu; refiro-me a Johannes Trithemius, beneditino, abade de Wurzburg; o jesuíta padre Kircher; Raymond Lully; o sublime doutor São Tomás de Aquino e outros que serão muito adequados para ilustrar minha argumentação.

O abade Trithemius, em seu *Steganographia*, dá a orientação necessária para penetrarmos no oculto. *Devemos ser dotados de todas as virtudes, ter uma consciência limpa, desejar o bem, em nome de Deus, para si mesmo e para os outros; não devemos ter inclinações para coisas ou ações triviais.*

O bem atrai o bem, tanto no mundo visível quanto no invisível. Na sociedade humana, afinidades de caráter, de cultura, de educação, de tendências, de paixão reúnem os homens em grupos. No mundo invisível, a mesma lei se aplica. No nível da síntese intelectual, todos os homens são iguais, assim como todas as flores são flores, mas um crisântemo não é uma papoula e um lírio branco não é uma rosa vermelha. Há homens que são deuses e outros que são bestas. A civilização os torna irmãos porque a lei divina visa à redenção das naturezas inferiores, à evolução da matéria e das almas para a Luz Eterna.

Mesmo nós, que praticamos o amor mais completo pelo nosso próximo, não abordamos pessoas que consideramos repugnantes.

Portanto, todos os preparativos para o sacerdócio têm, em todas as épocas, a mesma orientação, e o Cristianismo anda de mãos dadas com a magia operante.

Darmesteter[*] menciona a *asha* dos pársis, *tão querida por Ormuzd [Ahura Mazda] e de fato característica do mundo divino*. Para o pársi, a *asha* é pureza e contém três elementos: bons pensamentos, boas ações, boas palavras.

Chamo a sua atenção para algo que precisa ser esclarecido: a diferença entre *religião* e *magia*, entre *santo* e *mago*.

A religião é o conjunto integral e completo de uma doutrina sagrada capaz de ser compreendida pelas massas: mesmo que tenha uma origem verdadeira, profunda e científica, fala à multidão sob o disfarce de preceitos e advertências divinas. Personifica a divindade e transmite uma relativa moralidade ao progresso das massas.

---

[*] Darmesteter, *Ormazd et Ahriman* (Paris, 1877).

Magia, sabedoria e ensinamentos sobre o que existe, síntese das leis das coisas criadas, o processo de criação em si no domínio da verdade e da natureza, esta é a chave de todas as religiões tradicionais.

Tanto o homem religioso quanto o discípulo da *magia* buscam conhecimento do mundo divino, o primeiro *de modo passivo*, aplicando preceitos religiosos, o segundo de *modo ativo*, tentando forçar a natureza humana a penetrar no mundo invisível, a descobrir as leis e usá-las, como querem os mestres, para a conquista de poderes divinos.

O homem religioso pode se tornar um *santo*.

O discípulo da magia tem de se tornar um *mago* ou desaparecer.

A *santidade* é a virtude do iniciado, não seu objetivo. O objetivo do *mago* é a integridade divina com suas virtudes sobre-humanas.

O *santo* pode chegar à graça; o *mago* tem de realizar ações divinas.

O primeiro não precisa de ciência; o último não pode existir sem a ciência.

Um frade piedoso, após uma longa vida de abnegação e oração, alegra-se com os estigmas da crucificação. Um cientista deve ser capaz de explicar qual é a causa desses estigmas.

O frade piedoso não tem desejos, está à mercê da graça de Deus e torna-se um instrumento dela: cura os enfermos, antecipa boas notícias; sai em ajuda dos necessitados quando menos contam com ele.

O *mago*, em consonância com seus poderes, deve obrar e realizar sempre que quiser e sempre tem de usar sua sabedoria, seu poder, as forças à sua disposição.

A *santidade* é alcançada; a *magia* é conquistada.

Chaignet, em seu estudo da filosofia pitagórica, diz: "Todas as regras da vida pitagórica podem ser resumidas nesta grande máxima: primeiro se torne um homem, depois um deus; una-se em um relacionamento íntimo com Deus, siga e imite Deus". Mas isso não se refere apenas ao pitagorismo. O neófito dos ritos cristãos usava branco, como sinal de "sinceridade" (no sentido original do latim *candidus*, do qual a palavra *candidato* é derivada). Vestimentas brancas ainda são usadas pelo padre cristão celebrando a missa, embora tenham se tornado mais *curtas* com a sobrepeliz usada para serviços menores, pois o predicado da ciência divina é branco, como a cor da Lua, que está sob os pés da Virgem Imaculada.

Mas, meu caro discípulo, não vamos mergulhar em símbolos, que os *grandes homens* de hoje descrevem como o primeiro sinal de decadência. Vamos voltar para onde começamos: se romper com as pessoas comuns, bate na porta do invisível.

Quem invocamos ou evocamos? Um deus, como os teosofistas; um gênio, como os cabalistas; um anjo, como os cristãos; a alma dos mortos, como os espíritas?

Os *seres inteligentes* estão divididos em três classes: os *deuses*, que estão acima, demasiado acima para o homem comum compreender ou perceber; os mensageiros desses deuses, *demônios* ou *anjos*, que estão em contato conosco, e os *homens*.

"Seja confiante e corajoso", disseram os pitagóricos, "porque o homem pertence à estirpe dos deuses". Não é um rei destronado, mas um rei no exílio, que está esperando e trabalhando devagar sua volta ao trono. É um pássaro esplêndido, cuja paixão por bicar na lama tem imobilizado suas asas, cobrindo-as de barro.

Os pitagóricos advertiam:

> Purifica seu corpo e sua alma. Seja a razão a soberana e guia absoluta de sua vida e, no momento em que a morte libertar sua alma aprisionada em seu corpo, você se tornará um deus.

Gênesis 3:22 vem do original hebraico: "*Ecce Adam quasi unus ex nobis factus est, sciens bonum et malum*", que monsenhor Martini traduziu fazendo Deus dizer: "Agora Adão se tornou um de nós, conhecendo o bem e mal", e então ele comenta que o *nós* se refere aos três personagens divinos, enquanto o significado oculto é que Adão foi criado semelhante aos deuses ou *espíritos de Deus*.

Considero, portanto, meu discípulo capaz de mostrar todas as suas qualidades divinas, longe da praga que pontifica de forma lenta e incrédula, e de estar acima do prazer infantil de ouvir o aplauso ou assobios dos que seguem a ciência como carneiros. Quero que ele seja capaz de perceber a beleza desse homem-deus, que ainda em seu manto de pele e músculos já aspira a uma perfeição, que não é negada a outros homens, mas que outros homens negam a si mesmos pela vanglória de ser como todos os outros.

Escapando do rebanho comum, você, meu discípulo, se aproxima dos deuses. Deixe que os fiéis orem em igrejas, sinagogas e mesquitas e que criaturas pacíficas atiçem suas fantasias com mesas que chocalham ou se levantam. Desfrute o fato de que cientistas curiosos e presunçosos deem suas opiniões sobre os efeitos físicos da *mediunidade*; alegre-se por vê-los trabalhar para o bem da humanidade e seu progresso, pois toda a enciclopédia dos fenômenos se resume em pôr à prova um materialismo sensitivo e grosseiro e a construir um altar para o *espírito do homem*.

Caro leitor, proíbo, no meu dever de mestre, que utilize a liberdade de usar sua lógica comum nas coisas relacionadas a seu espírito, que não é comum; e digo que, no dia em que depositar sua fé na razão de um homem, estará desistindo para sempre da sua própria razão, que tem de ser modelada e aperfeiçoada pela razão universal, pois ela está em conformidade com uma natureza divina.

II

A segunda parte da preparação para a magia tem o objetivo de instruí-lo, através de sínteses, com relação a onde começar para ter sucesso, como se colocar fora do solilóquio doutrinário e como ver, tocar e aprender por meio de experiência própria, e não por meio da experiência dos outros.

Se, ao realizar a primeira parte de sua preparação, for bom e corajoso no mais amplo sentido dessas palavras, se compreender com precisão que seu *espírito*, em seu manto de carne e sangue, é suscetível a todas as melhorias a ponto de se tornar, como um deus do Olimpo, uma divindade importante, pode esperar estabelecer um relacionamento com naturezas que são mais elevadas que os deuses no céus.

O que são essas divindades de categoria média, essas criaturas, demônios, anjos ou mensageiros de Deus com quem entrará em contato? Ou melhor, de que natureza são esses deuses intermediários que deve desejar conhecer profundamente?

Os melhores tratados sobre ciências ocultas nos dizem que, além da natureza humana, no éter, ou na *região da luz astral,* existem os espíritos dos mortos, os corpos astrais dos médiuns e iniciados, os espíritos elementais, as concepções humanas, os lêmures, as larvas e todas as criações pecaminosas e incompletas, como tratei na introdução. Mas de acordo com o primeiro preceito da preparação de que falamos antes, devemos *pensar e raciocinar por nós mesmos*. O iniciador nos diz: "Não acredite". Entre fé e ciência há um abismo. O iniciador não diz: "Acredite"; ele diz: "Experimente".

Agora devemos estabelecer para nós mesmos um conceito concreto, mas geral, de *naturezas intradivinas ou demônios* em suas formas plásticas, como faziam os antigos, sem detalhes precisos que são mais ou menos entorpecedores.

É suficiente para o aluno que tenha uma ideia geral do que vai encontrar, e eu sigo o método antigo.

Você também o seguirá.

Deuses, demônios e homens – entre eles existe o mesmo relacionamento que existe entre os três estados da matéria perceptível: o que é pesado, o que é luz e o que é evanescente. A síntese da natureza apresenta os *três estados* da matéria: sólido, líquido e gasoso.

Esse número três se repete nos reinos da natureza visível. Ele compõe uma série em progressão divina: *homem* (o corpo pesado que aprisiona uma inteligência), *demônio* (o corpo leve que se aproxima da inteligência), *espírito* (o corpo evanescente, que não tem sequer uma forma ideal e é simbolizado pela luz).

Os filósofos dizem que a teologia dos antigos era simbólica; que o *demônio* individual, ou *gênio*, representa a consciência, o senso de razão de um ser.

Tudo certo. Esse é um lado da questão.

Mas a sabedoria sagrada, que os antigos manifestavam em suas exposições esotéricas, tinha três lados:

a) um lado comum, que era usado para o profano;
b) um lado simbólico, que era filosófico;
c) um lado arcano, que era sagrado e reservado para aqueles que tinham o direito de entrar no templo.

O que é o *demônio ou gênio* como definido na forma plástica do esoterismo pagão?

O homem comum de hoje apenas sorriria. O demônio dos antigos e o gênio protetor dos platonistas são os supostos pais dos *anjos da guarda* do Cristianismo, e são figuras poéticas.

Os que, no entanto, se excedem na defesa dos antigos se contentam em ver no *demônio* ou *gênio* a alma do homem em sua essência, como razão e consciência.

Aqueles que, por outro lado, estão familiarizados com a terminologia sagrada dos sacerdotes-filósofos e têm a chave para os três lados do idioma arcano, sabem que o terceiro, verdadeiro, profundo significado do *demônio ou gênio* dos antigos corresponde a um raio de luz do que é uma verdade primeira, a qual você, meu discípulo, deve ter como meta.

Vou passar um problema para você resolver. Para ter sucesso, você tem que estudar e praticar os teoremas *científicos* que a magia lhe ensina ou aos quais faz alusão. Compreenderá sua essência estudando e praticando. Se praticar sem refletir, se tornará um experimentador ignorante.

Seu primeiro objetivo em sua aproximação ao domínio oculto da natureza espiritual é tentar conhecer o *espírito, demônio* ou *gênio* que representa o degrau imediatamente acima de sua natureza, como homem mais ou menos perfeito. O anjo cristão é um espírito de absoluta pureza e um mensageiro de Deus – o demônio, por outro lado, pode variar em sua tendência e purificação.

Vou usar o termo *gênio* para escapar de restrições e definições. Assim que conhecer seu próprio gênio, será capaz de definir o primeiro deles... e quando tiver conhecido muitos, será capaz de ter um conceito aproximado, mas ainda imperfeito, da escada dourada que começa no menos puro e termina com o mais perfeito.

O que você deve fazer para conhecer seu próprio *gênio*?

Os antigos ensinavam que, para conhecê-lo, era necessário propiciá-lo pela prática da justiça e pela inocência de nossos hábitos; ele então nos ajudará com sua premonição das coisas que não sabemos, dará um conselho em nossos momentos de indecisão, virá em nosso auxílio quando estivermos em perigo e não nos privará de sua assistência na adversidade. Entrando às vezes em nossos sonhos, por meio de sinais visíveis, ou em outras oportunidades aparecendo diante de nós; é assim que nos ajudará a evitar os males. Vai derramar o bem sobre nós, vai nos levantar quando cairmos, nos sustentar quando estivermos em dúvida, clarear a escuridão de nossa pesquisa, conservar nossa boa sorte, afastando o azar.

O que seu mestre lhe dirá quanto a não recorrer ao misticismo cristão e à veneração dos cultos pagãos? Só uma coisa: "Seja homem, seja sensato e domine, com o controle contínuo de seus julgamentos, todas as ilusões dos sentidos materiais grosseiros humanos. Desenvolva em si mesmo a consciência de ser e, dependendo do fato de os merecer ou os estar trazendo de fora de modo mecânico, virão para sua consciência Rafael ou Astaroth – o anjo ou o demônio – e seu gênio com certeza aparecerá". Como Dante, você terá encontrado seu Virgílio e, com Virgílio, a viagem de trem sem parada para o hospício ou para a sabedoria divina.

Nesse ponto, o discípulo me interrompe:

Se os demônios não são visíveis porque o corpo deles não tem material que seja visível aos nossos olhos, como posso entrar em contato com eles? Aqui embaixo não conseguirei vê-los, ouvi-los ou senti-los...

Isso é evidente.

Você tem de formar um conceito claro para si mesmo do que é, em seu verdadeiro significado, a *luz astral*.

Na gramática grega, a palavra *aster* significa "estrela". Em grego hierático, *astron* é composto do prefixo negativo *a-* e *stereon*, o estado de estar fixado ou ser sólido. *Astron*, então, significa sem ponto fixo, errante; portanto *luz astral*, em seu sentido secreto, é a luz que não está fixa, que é uma luz errante, etérea, evanescente.*

Feche os olhos, evoque uma imagem e a observe. Na escuridão de sua cegueira autoinduzida, verá com um tipo de visão que, embora esteja ao alcance de todos, não é a capacidade comum de ver de que as pessoas dispõem.

Dessa forma, por uma ação muito simples que toda pessoa pode fazer, começaremos a praticar um exercício que, se insistirmos um pouco nele, vai nos dar a ideia de uma *luz etérea* que é bem diferente da

---

* Os túneis de Orfeu e as cidades subterrâneas ou sacerdotais dos antigos iniciados eram astrais, isto é, sem luz do Sol, e lá os neófitos começavam a aprender as verdades. Encontramos, portanto, com frequência os antigos falando das estrelas e, em vez de olhar para o céu, devemos olhar embaixo do solo.

luz do tipo comum de visão. Quando dormimos e sonhamos, as imagens que vemos estão iluminadas. E, no entanto, não há sol e essa luz não é a luz do sol nem a luz elétrica; é uma *luz etérea* ou *astral*.

Os escritores mais recentes chamam-na de inconsciente, mas na terminologia hermética e mágica é o *campo astral* ou campo escuro, fonte e repositório de toda a nossa consciência. Contudo, não estamos cientes dessa fonte e repositório, percebendo apenas as lembranças que dela extraímos através de evocações contínuas por meio da memória. O campo astral, escuro, misterioso, que está dentro de nós mesmos, que está em todo ser humano, existe também na imensa síntese do Universo. Em um homem, é o repositório oculto de sua história; no Universo, é a matriz de todas as vidas que foram vividas, de todas as formas que foram imaginadas, de todos os pensamentos que foram desejados. O campo ou corrente astral universal contém em si todos os campos astrais parciais de todas as pessoas. Portanto, a partir de nosso próprio campo astral podemos penetrar no campo astral universal e daí descer para cada um dos campos astrais singulares.

Dissemos anteriormente que nós, seres humanos, somos individualidades concretas de matéria vivendo de forma análoga ao Universo, isto é, individualidades em uma relação analógica com o Universo maior.

Nos homens, assim como no Universo; se ele é analógico ao homem, tem de haver algum tipo de repositório coloidal, que nos é invisível e imperceptível, onde todas as ideias concretas, as paixões e ações das pessoas, nações e povos são registradas e contidas.

Essa parte invisível do mundo, que contém essa forma de matéria invisível, mas fácil de ser sentida, é a que chamamos de região astral.

Quando alguém diz "acho que me lembro", a respeito de uma pessoa que já viu, esse alguém está buscando em seu inconsciente a imagem da pessoa que viu e que está agora evocando.

Mas quando dizemos, por exemplo, que queremos evocar a imagem de Dante caminhando pelas ruas de Ravena, nosso inconsciente não será capaz de nos dar a imagem que queremos, ainda que tenhamos visto um retrato de Dante. Então invocamos a imagem de Dante Alighieri e, se cremos no espiritismo, vamos pensar que estamos invocando o espírito de Dante pela forma que ela assume. Pois nosso inconsciente, se for muito sensível, deve explorar o inconsciente universal, onde a imagem de Dante Alighieri deixou sua marca.

Assim, a região astral é uma região escura, que está dentro de nós mesmos, onde tudo que é pensado, ouvido, e tudo que vem da experiência de nossos sentidos é registrado.

Força astral é um sinônimo para a força do subconsciente, aura do inconsciente.

Dessa região interior, que registra cada percepção, cada pensamento, cada sentimento, emerge, em certas ocasiões, uma mudança, graças à qual sentimos a manifestação de uma força que é liberada.

Tudo que é liberado de nós e representa um esforço ou uma grande impressão é fixado primeiro no inconsciente que temos como indivíduos e, depois, em suas fases complexas e sintéticas, é fixado no colódio universal.

Como existe uma região astral e uma força astral, tem de haver uma matéria astral.

Não podemos conceber uma força e matéria ocultas a não ser que se consiga prova material sensorial desse movimento ou dessa matéria. Portanto, quando ouvimos verdadeiros magos – e não contadores de histórias de magia – falarem de uma *corrente astral* não devemos achar que se trata da corrente fluídica vindo das estrelas, mas da vibração do éter dos iniciados órficos, isto é, a manifestação do perpétuo movimento vibratório que a teogonia pagã divinizou em *Mercúrio*, o eterno movimento gerador de todos os fenômenos arcanos de luz mental.

Nas têmporas e nos pés de Mercúrio havia asas; em sua mão havia o caduceu, a vara com duas serpentes fazendo amor, uma corrente ativa e uma passiva em torno de um projetor de fluido. Então o caduceu tornou-se o símbolo dos químicos porque a saúde, em medicina oculta, é representada por duas correntes de fluido etéreo equilibradas em torno de um instrumento projetor, um órgão simbolizado por uma haste, a partir da qual veremos mais tarde como a varinha do mago passou a existir, que utilidade ela tem e que mistérios esconde.

Então, assim que tivermos formado uma ideia aproximada do que seria uma *luz interior*, seremos capazes de passar do conhecido para o desconhecido sem precisarmos ser demasiado sofistas.

Faça com que três, quatro ou mais pessoas fechem os olhos externos e abram os olhos intelectuais ou interiores para a percepção deste mundo, que é vislumbrado primeiro e depois visto com um sentido que é uma síntese dos outros cinco; você terá então estabelecido por este relacionamento a comunhão da luz que cada um dos observadores percebeu.

Peço que releia e compreenda bem o último parágrafo, se ainda não o entendeu plenamente, pois não consigo encontrar palavras mais exatas na linguagem humana para indicar um fenômeno que, embora se encontre ao alcance de todo homem, não é observado por aqueles que não se concentram e não se espiritualizam para fazê-lo.

A relação entre as vibrações astrais percebidas pelos observadores compõe a corrente astral que, no devido tempo, você deve aprender a dominar.

O silêncio nas comunidades religiosas tem como objetivo diminuir ao máximo possível a ação de tudo que possa perturbar o espírito ou impedir seu desenvolvimento – para que o braço físico do monge encontre o braço de Cristo!

Essa corrente astral é simbolizada na Bíblia pela serpente, pois ela se arrasta em volta da árvore do bem e do mal, o que significa que os dois aspectos da serpente são o baixo, terreno ou lamacento, que gera ilusões, isto é, mentiras, e a parte superior, que é verdade e luz.

Na mitologia, Apolo perfura com sua flecha a serpente Píton, nascida do lodo da terra; no entanto, as sacerdotisas pitonianas (aquelas que tinham o espírito da Píton em seus corpos) davam respostas e profetizavam. Giuseppe Balsamo, o bem conhecido conde de Cagliostro, cujo nome, para os tolos, evoca um impostor, mas que no século XVIII era chamado "o Divino", tinha como seu símbolo uma serpente perfurada por uma flecha, isto é, a corrente astral perfurada por uma vontade poderosa e controlada. Essa serpente está aos pés da Virgem Imaculada porque a virgindade e a pureza a condenam à imobilidade e a dominam inteiramente. Mas quando não nos modelamos pelo divino Apolo, pela força de vontade de Cagliostro ou pela virtude sobre-humana de uma Imaculada Concepção, a serpente nos entrelaçará em seus espirais, nos dominará e nos matará de modo fluídico.

III

A preparação para a magia pressupõe o seguinte:

a) Ter coragem ilimitada e razão fria, que não se inflame com o primeiro lampejo de ilusão.
b) Ter um alto senso de retidão e moralidade e, em virtude disso, ter medo de abusar do que se tenta arrebatar do desconhecido.
c) Desejar luz, a fim de confortar aqueles cuja imperfeição terrena os impede de ver.
d) Entender e fazer entender que o homem tem dentro de si tudo que é necessário para desenvolver as qualidades super-humanas de seu espírito.
e) Estar convencido de que as consciências íntegras, desejosas do bem, e que são razoáveis e completas, sem hipocrisia e medo, convidam o gênio que está mais próximo da natureza do indivíduo a se manifestar.
f) Estar convencido de que a maré de opiniões e frases banais deturpa, distorce e traduz mal a linguagem que o gênio dirige à

nossa consciência, e que assim fechamos nossos ouvidos à verdade para dar ouvidos a mentiras.

g) Estar convencido de que, se o *gênio* é tomado como guia, a serpente astral que aparece como signo da luta é dominada e o indivíduo torna-se um deus; se, em vez de compreender, ele entende mal, ou melhor, sonha com uma repreensão, vai cair na boca da serpente.

Está na hora de dizer algumas palavras sobre o *oculto* e o *misterioso* que se relacionam ao dever do aspirante a mago de *se manter em silêncio*.

Pouco a pouco, à medida que avançam as investigações do progresso obtido na determinação das faculdades latentes da *matéria* humana, elas se deparam com novas e insuspeitadas propriedades de nosso organismo e, além de serem descobertas maravilhas até então desconhecidas do corpo humano, são também vislumbradas mudanças radicais até mesmo nas definições de *nossa* física e de *nossa* química, das quais hão de rir os pesquisadores do próximo século, que as considerarão muito falhas.

O silêncio dos arredores é, para o espírito, quase como a abstinência de alimentos indigestos para o estômago.

Mas ainda temos de distinguir sensações externas de sensações por *repercussões*, fenômeno sobre o qual poderia ser escrito um tratado sobre a matemática da percepção.

Nosso vizinho fala conosco. Suas *palavras* despertam uma sensação em nós. Mas se pronunciarmos uma palavra, o trabalho é duplicado, porque teremos de *conceber a ideia, colocá-la em palavras e projetá-la no espírito* da pessoa que está nos escutando. A palavra que pronunciamos é uma *projeção fluídica de nossa concepção* e a prova desse esforço intenso pode ser encontrada por qualquer observador que, ao escutar uma palavra que não corresponde a uma ideia *já cultivada*, precisa se concentrar mecanicamente para captar a *concepção fluídica* que acompanha a ideia projetada.

Na magia, a palavra é um instrumento de concretização e o *silêncio sobre as coisas sagradas da Verdade é a maneira de nos conservarmos puros para dar mais vida às ideias que devem ser projetadas, evitando que as repercussões de ideias projetadas perturbem os meios de recepção do mago.*

Para escapar do atoleiro de conceitos incrustados pela educação profana, para se purificar de todas as imagens vivas ou impuras das quais estamos impregnados em nossa vida impura, para expulsar da mente a grande massa de impressões de erro humano, o discípulo da magia fará intermináveis esforços e longos sacrifícios; e uma vez alcançada a purificação, chegam as percepções intelectuais. Primeiro elas são nebulosas, depois clarões fugazes e, por fim, ideias claras. Se – usando palavras humanas – quisermos definir o brilho fugaz da primeira luz, estaremos perdendo tempo; se tornarmos nossa *percepção* concreta e a projetarmos com nossas palavras, teremos traído sua natureza, tentando tornar humano o que é sobre-humano e divino, o que se revela apenas para os melhores e, como alguém que comete um sacrilégio, perderemos o propósito para ter essa luz!

No que diz respeito à pergunta: A magia tem de fato um terrível segredo que deve ser mantido oculto? E a revelação deste segredo, o *arcano de todos os arcanos*, seria capaz de destruir um mundo? Vou responder em poucas palavras:

O filósofo vislumbra uma verdade que não consegue entender, o segredo da vida, da morte, da razão de existir, do fim dos seres humanos, das nações, das raças e das espécies. A Esfinge é o símbolo desse problema. O discípulo da magia tem de definir para si mesmo o objetivo primeiro de se colocar na presença do último monstro, que é o prenúncio do problema final, e de dominá-lo, aquilo que Édipo não conseguiu fazer. Se o mago conseguir montar o monstro em vez de cortar sua cabeça, será capaz de pôr na cabeça a coroa de rei. Caso contrário, apesar de ser filho de Laio, rei por nascimento, terá matado o pai em um duelo e, de forma incestuosa, violado a mãe, terminando os dias cego e exilado de sua divina pátria.

Tenho de esclarecer dois pontos:

1. A manifestação de um ser extra-humano leva à conquista da serpente astral?
2. Não haveria um meio para que aqueles que estão sozinhos, sem orientação ou iniciativa, pudessem abrir, por pequeno que seja, um caminho para a vida oculta?

Responderei a essas duas perguntas:

A primeira resposta é não, porque a essência do que se manifesta nem sempre é a mesma mas, em geral, o gênio do porco é o suíno e o gênio do filósofo iluminado é um deus.

A segunda resposta é sim. Há muitos caminhos que levam a Roma. É preciso desejar de forma ardente e, quando menos se espera, uma das portas para o reino divino se abre também para os que desejam corajosamente.

Ipse dixit. O espírito da iniciação oculta à verdade dos céus se manifesta de forma proporcional ao aperfeiçoamento da humanidade. Quando *menos se espera*, o gênio da verdade indica um *mestre* por trás de um homem que deseja ou de uma mulher que reza. Se o iniciador é um verdadeiro iniciador e não um charlatão, o discípulo percebe, estende a mão para ele, tenta se fundir com sua alma e o ama. O amor é divino; o discípulo deve amar seu mestre porque, sem amor ilimitado, que tende para o bem, a mente do discípulo não compreenderá o coração do mestre.

Vou parar por aqui. Não sou um místico nem um apóstolo. Quando alguém escreve sobre coisas celestiais, o profano imagina que a pessoa está sonhando. E, no entanto, antes de convidar você a ter o sangue-frio de buscar a verdade, vou dizer:

Sonhe em amar um mundo melhor de maneira pura, doce, poética e, no seu sonho devoto de um amor sem fim, se tornará um poeta; isto é, um *poeta* no sentido órfico: terá facilidade para lidar com a ciência sagrada e cantará a verdade.

Princípios Gerais

Divido a *magia*, ou sabedoria arcana, em duas partes principais: magia *natural* e magia *divina*.

A primeira estuda todos os fenômenos provocados pelas qualidades ocultas do organismo humano e o modo de obtê-los e reproduzi-los dentro dos limites do organismo empregado como meio.

A segunda é direcionada para preparar a ascensão espiritual do buscador, a fim de possibilitar o relacionamento entre o homem e seres superiores invisíveis ao olhar comum.

É difícil determinar onde acaba a primeira e começa a segunda, porque a natureza humana é feita de tal maneira que, ao alcançar de forma gradual a liberdade de operar através de suas virtudes latentes, ela se aperfeiçoa e é capaz de perceber, na mesma proporção de seu desenvolvimento, harmonias que não podem ser percebidas pela inteligência comum.

Assim, na maioria das vezes, as duas partes da *magia* andam de mãos dadas e, quando somos capazes de detectar a orientação de um *gênio* que pode estar fora de nós, *nosso espírito* pode realizar maravilhas.

A primeira parte inclui todos os fenômenos físicos que se derivam do oculto, da telepatia à cura pela fé e à telecinesia.

A *magia* consiste de toda uma série de teoremas prováveis e experiências com efeitos concretos; verdades mágicas, ainda que abstratas, devem ter sua evidência provada em uma *manifestação*, assim como qualquer verdade de matemática abstrata tem suas aplicações mecânicas.

Devemos, no entanto, considerar que o progresso na pesquisa humana está estritamente relacionado à passagem do tempo e, se *muitas verdades* ocultas podem ser provadas pelo raciocínio e por hipóteses aceitas pelo método experimental, outras verdades só podem ser provadas e consideradas absolutas se observarmos seus efeitos, porque o raciocínio abstrato que provaria sua existência está baseado em uma filosofia *sutil*, chamada *hermética*, que só é compreendida pelos mais avançados intelectos humanos.

Experiências e provas científicas podem começar a se voltar, por exemplo, para fenômenos telepáticos, como muitos contemporâneos que não foram iniciados estão fazendo na Europa e na América, enquanto outras verdades, como a de que *a camisa de um homem corrupto corrompe quem a usa*, só podem ser demonstradas pelos efeitos provocados por um operador ou pelo profundo entendimento da lei do contágio de virtudes ou vícios que rege as epidemias de vício e virtude.

Peço aos meus leitores que não se surpreendam se uso palavras que possam parecer estranhas e que acreditem que não as estou usando de forma leviana, mas pesando-as com cuidado e, portanto, seu significado tem de ser interpretado com atenção. Quando falo em "epidemias de vício", não uso um dispositivo retórico; desde que nossa *magia* é sintética, o princípio sintético fundamental de todas as leis é matematicamente o mesmo em todas as manifestações das próprias leis; a lei do contágio fluídico é constante em todas as diferentes manifestações e, assim como podemos ter *epidemias* de doenças, também podemos ter *epidemias* de moralidade.

Talvez eu seja o primeiro a pretender apresentar todo um corpo de doutrinas, exatas e imutáveis, e que pertencem à prótase da ciência secreta e sagrada, que ninguém jamais revelou ao público despreparado e que ninguém pode *revelar a alguém em sua totalidade*. O discípulo, portanto, não deve se ater à forma gramatical de minhas frases, mas tentar assimilar o significado oculto, que é essencialmente científico.

A filosofia hermética, que é a ciência empenhada em investigações no domínio dos poderes do ser humano vivo que não são suscetíveis de verificação, tem seu próprio modo de olhar para as forças e poderes ocultos e desconhecidos do homem, e de experimentá-los.

Levamos à frente uma ousada missão de propaganda dos princípios de uma futura ciência do espírito humano, uma ciência da essência humana no homem vivo.

Nossa escola, do ponto de vista experimental, é inteiramente materialista, porque o ser humano, corpo e mente, é apenas matéria organizada, ou matéria em organização. Os fenômenos normais que estudamos nele são produzidos por seu organismo, portanto pela matéria da qual é feito. O pensamento é possível, em todas as diferentes formas que adquire em nós, em função da solidez do organismo (matéria).

O verdadeiro discípulo de nossa escola deve formular problemas para si próprio e resolvê-los sozinho, pois o hermetismo não é ensinado do mesmo modo que as outras disciplinas, a partir de um livro didático.

No silêncio interior do pesquisador, germina a rica especulação de uma filosofia mais sutil, que cria e inicia o noviço na magia e estabelece uma nova visão do Universo, já que é necessário que o discípulo do hermetismo chegue por si mesmo à prova de que a nossa verdade é a única verdade necessária, o que ele pode fazer passando das coisas que estão embaixo para as coisas que estão em cima, de Saturno para a Lua e daí para Mercúrio.

O mestre do hermetismo expõe os elementos de nossa teoria e prática: o discípulo trabalha com eles, estuda-os em seu laboratório isolado e ascende para a verdade da prática e da realização herméticas.

E para que nossa escola tenha um ginásio onde possa buscar, por meio dos princípios iniciais das forças despertadas em nós, uma atividade própria no reino concreto e prático das realizações, fundei a

Irmandade de Myriam, um coletivo de pesquisadores da ciência paranormal, cuja atividade tem efeito sobre os doentes que entram em contato conosco e tenta curá-los, melhorar seu estado de saúde ou aliviar sua dor e agonia.

Somos os primeiros a levar em consideração e examinar um novo princípio da terapêutica moderna: *a ação pessoal de cura do médico, que modifica, aprimora e potencializa cada remédio que prescreve, dando-lhe uma força curativa que as meras receitas não costumam possuir.*

A medicina hermética, que é *espírito, intenção, respiração, imagem*, é destilada no corpo lunar da pessoa doente, sob um raio de vigoroso amor, recebido entre paixão e fé; as células dos tecidos se desintegram, se reconstituem, são curadas e a vida prossegue. O cérebro não mais sente dor; voltam a saúde, o contentamento e a paz de espírito; o milagre de *algo* é realizado como o milagre do amor.

☉
1. O Mestre Perfeito

Todas as criaturas, diante da natureza, são iguais.

Isso significa que o relacionamento inicial entre o criador e suas criaturas é constante. Na realidade, a lei da evolução e o propósito de toda existência humana torna todos os homens iguais diante da *causa primeira*, já que não se pode dizer que todos os homens sejam iguais em termos físicos ou nos domínios da espiritualidade e da moralidade.

Em termos absolutos, isto é, sem a especificação de tempo e espaço, a verdade da lei é inquestionável; mas onde espaço e tempo são definidos, como na natureza, nem todos os homens têm os mesmos direitos.

Fisicamente, as pessoas diferem entre si em tamanho e em beleza; em termos espirituais, diferem na capacidade, mais ou menos sofisticada, de entender o que de fato acontece.

Na sociedade humana, governada pelos instintos básicos (gula, luxúria, ganância), as *monarquias* são constituídas pela maioria daqueles que são mais fortes em termos *físicos*. Os mais fracos são controlados, de boa ou má vontade, pelos mais fortes, cuja maior perfeição física, ajudada pela necessária capacidade intelectual, dá-lhes coragem para governar e uma intolerância à submissão.

Como no mundo visível, assim é no segredo da alma dos vivos no que diz respeito aos dons e às qualidades das criaturas. Algumas naturezas são espiritualmente avançadas e outras não; entre as primeiras, há holofotes radiantes e círios; entre as segundas, há criaturas pobres, melancólicas e cegas que se divertem instintivamente com o mal.

Religiões, ciência e governos são hierárquicos porque nos três mundos – o físico, o intelectual e o espiritual –, as pessoas diferem umas das outras no desenvolvimento de suas tendências ou de suas virtudes.

O Mestre do ensinamento oculto é a pessoa mais avançada em comparação com os neófitos.

Nenhuma sociedade espiritual pode evitar esse poder do Mestre, porque ele, que vê e entende de modo mais claro, será sempre o instrutor dos espiritualmente jovens.

Quando uma sociedade espiritual é criada, o Mestre torna-se indispensável.

Se o Mestre é um mestre no sentido mais amplo da palavra – isto é, se vê com clareza e compreende as leis sintéticas dos três mundos, o físico, o intelectual e o espiritual – sua autoridade torna-se absoluta e seus ensinamentos ou regras são dogmáticos.

Um *dogma* assusta sem motivo todos os experimentadores porque eles atribuem a esta palavra um significado que ela não possui.

Um *dogma* é *pensamento (cogitatio)*, *visão clara*, do grego *dokeo*, "ver".

Na magia, como eu disse na seção de preparação, a palavra corresponde à projeção fluídica, cujas leis vamos estudar. Um pensamento (*bene cogitatus*) que está sinteticamente coagulado na psique de um mestre – concreto, harmônico, verdadeiro, expresso em uma forma gráfica ou auditiva – é um *dogma*, porque é verdadeiro não apenas em relação à filosofia, mas também à moralidade e à realização prática; e é imutável, isto é *infalível*, se corresponde a uma verdade que é absoluta, infalível e imutável.

Darwin pode dogmatizar quando descobre e formula uma lei geral da natureza, São Paulo pode fazê-lo quando define a caridade ou mesmo Epicteto, o Estoico, ao definir a natureza das coisas.

Quando caem sob o poder e autoridade de líderes que não têm a virtude de ver a luz única, fonte de toda a eterna sabedoria, seitas religiosas ou iluminadas tornam-se temporais e de vida curta. Seus pontífices ou grandes mestres dogmatizam enquanto permanecem sujeitos à relatividade do tempo, mas a razão livre se rebela contra eles porque o dogma se presta à discussão e ao livre exame.

Um estudioso de filosofia natural não pode ser impedido de livremente aceitar ou rejeitar uma declaração da verdade: o homem completo, equilibrado em termos intelectuais, usa a razão antes de aceitar ou rejeitar, isto é, ele examina se o dogma tem real valor sob a perspectiva do eterno absoluto. Hoje em dia, quando um filósofo conclui que a razão matou o dogma, por dogma ele se refere a algo que não tem um valor absoluto; na realidade, como é a evidência da verdade, o dogma não pode deixar de ser razoável; o dogma é, de fato, a razão da verdade.

A magia tem algumas verdades ou dogmas fundamentais, que são as declarações de leis sintéticas das quais dependem todas as verdades secundárias.

O Mestre Perfeito deve ter não apenas o poder da visão, mas também o poder de transmitir seus dons espirituais a outros.

Muitos mestres veem e operam com clara e perfeita compreensão, mas não têm a capacidade para dar, transferir e atribuir.

Na magia, qualquer operador pode temporariamente dotar homens ou coisas de certas virtudes por meio de processos que são parte de prática elementar.

Contudo, se qualquer operador pode dar, nem todos os operadores podem transferir ou atribuir, de forma permanente, as virtudes naturais que adquiriram.*

Aqueles que operam com magia devem recorrer ao equilíbrio resultante de seu progresso para que sejam capazes de neutralizar todas as forças adversas e para serem considerados Mestres Perfeitos nas duas partes da magia. Devem possuir virtudes negativas e positivas, serem capazes de dar e receber, de coagular e dissipar todas as forças psíquicas condensadas ao seu redor para conceder, por um certo tempo, suas próprias virtudes a um estudante ou discípulo merecedor em uma cerimônia de investidura.

Acredita-se, em geral, que a ciência é aprendida nos livros. Mas das especulações de filosofia transcendental às leis da mecânica, a única coisa que ensina é a realização ou prática. Por meio da leitura, podemos atingir uma ideia mais ou menos clara da *coisa*: mas só operando sob a direção de um Mestre Perfeito, podemos desenvolver as qualidades físicas e paranormais que são utilizadas na realidade da magia.

A *iniciação* na prática é a totalidade das operações que um Mestre Perfeito efetua com um discípulo para conceder, atribuir, confirmar e desenvolver as virtudes ocultas em um organismo humano comum.

E chegamos agora ao problema da escola e do mistério que constituiu em todos os tempos o segredo das seitas e religiões mágicas. Vamos concentrar nisso toda a nossa atenção.

---

* O leitor não deve esquecer que estou falando de virtudes naturais, não de propriedades teúrgicas, que pertencem ao mais alto estágio do desenvolvimento mágico.

☾
2. O Discípulo

No atual contexto literário, em que toda pessoa comum, à luz da igualdade e da liberdade, quer expressar sua opinião pessoal sobre as ciências ocultas, a palavra *iniciado* ganhou um significado muito elástico.

Vamos chegar a um acordo sobre os termos antes de prosseguir. Onde existe um mestre, há também discípulos.

Um fio invisível prende os discípulos ao mestre e uns aos outros, mesmo sem o conhecimento deles.

Imagine um círculo: coloque o mestre no centro, ou ☉, e, ao redor da circunferência, os discípulos, ou ☾. Temos aí o conceito da Rosa Mística, muitas pétalas ao redor de um botão, que é sua alma, espírito, força e inteligência.

Por *iniciado*, portanto, devemos entender o discípulo que emergiu da água estagnada das multidões e veio para dentro da zona de radiação do centro; isso pode ser melhor explicado se dissermos que aquele que está habilitado fez todo o trabalho de purificação e preparação em um neófito para destacá-lo por completo do meio comum, extraí-lo da corrente das massas vulgares e elevá-lo a águas mais puras, às quais a multidão não pode ascender devido ao seu peso natural – devido a essa lei inflexível e inexorável que condena o chumbo a afundar e as folhas a flutuar.

Proposição I – Mudanças fluídicas brilham nos hábitos exteriores do discípulo

Em geral o contraste entre a vida nova e a velha, entre o homem transformado e o homem comum, é enorme.

As mudanças fluídicas do discípulo têm um efeito tão grande sobre seu exterior, destacam-se de tal forma em seus hábitos externos que os homens comuns, isto é, aqueles que não compreendem coisas secretas, em geral consideram os homens e mulheres que se dedicam à magia pessoas extravagantes.

Isso é um estado de coisas não apenas lógico, mas necessário; porque se um homem for feito do mesmo modo que a enorme massa de criaturas que povoam o mundo visível, ele não poderá se aproximar do mundo invisível e de suas criaturas. O conflito entre os mundos visível e invisível tem em sua base a paixão da temporalidade: isto é, o mundo visível se alimenta do medo constante de não ter e não possuir, enquanto o mundo invisível vive na eterna certeza de que o indivíduo obtém quando quer e quando precisa.

Vou ilustrar com dois exemplos.

O homem vulgar ama uma mulher não apenas porque homens amam mulheres, mas também devido a um sentimento, que não pode ser confessado e que existe em todo animal e em todo grupo humano, de se considerar o mais viril dos homens. É a coisa mais natural do mundo não só pela oportunidade de reivindicarmos um momento de contenção sobre o intelecto quanto, para o homem razoável, de ceder a este momentâneo triunfo da carne, uma vez que a parceira tenha sido escolhida não só pelo corpo perfeito, mas também por uma homogênea e atraente gentileza moral. Mas um homem comum não se detém aqui, no que deveria ser o ponto de chegada. Torna-se um Casanova com relação a *todas* as mulheres que possam estimular sua autoestima; tem, por presunção masculina, de cheirar o perfume de cada flor que vê, sempre se comportando como um Átila voraz com todas as mulheres honestas que não lhe prestam homenagem. Jovens, adultos e velhos julgam que é seu dever degradar a essencialmente aristocrática natureza humana (que é divina em sua origem), transformando-a em um pântano lamacento de instintos animais básicos que marcam para sempre o indivíduo como um bode fedorento.

Assim que um homem dá uma espiada no reino dos mistérios e sombras, o princípio divino, que está dentro dele, que é seu espírito, adquire supremacia sobre sua humanidade, mas aqueles que não reconhecem a índole aristocrática desse princípio veem-no do mesmo modo como os galos veem os pequenos frangos castrados do galinheiro.

Homens comuns adoram dinheiro. Chave para todas as arcas sagradas da vulgaridade, o ouro é um rei diante do qual todos os sentimentos de fingida honestidade, todas as forças da falsa moral se curvam. Não preciso dar um exemplo: todos sabem que para as massas o dinheiro representa o talismã mais poderoso, trazendo a serenidade de uma vida confortável, paz doméstica, satisfação de todos os caprichos, a doçura de todas as amantes pagas.

Mas o discípulo da sabedoria divina, aspirando apenas a um ideal mais elevado, destrona esse rei e continua seguindo seu caminho, com sua manto, cajado e alforje, como um estoico que despreza um ídolo diante do qual, como diante de uma bela mulher, todos se curvam.

Uma mulher comum quer apenas satisfazer sua vaidade. Elegante em seus modos, no vestir e nos penteados, sonha continuamente em escravizar todos os homens e deixar todas as amigas e conhecidas roxas de inveja. Mas a mulher que, como uma pétala da Rosa Mística, cai sob a influência de um mestre, pouco a pouco – de forma imperceptível, mas progressiva –, abre mão da vaidade, e o olho de sua mente voa cada vez mais alto.

Proposição II – O teste fatal do discípulo está em sua separação do mestre

As duas correntes, a falsa, que é vulgar, enganadora e muito poderosa, e o verdadeiro e incorruptível oculto atuam sobre o discípulo da mesma forma que dois ímãs de força igual e oposta trabalham sobre um pedaço de ferro colocado a igual distância de seus extremos. A peça de ferro não tem vontade e, quando é posta a igual distância entre as duas forças, ela não se move. Mas o discípulo tem uma vontade, que o mestre nunca deve ignorar, e esta vontade o empurra um pouco para um lado, um pouco para outro e, assim, a alma do discípulo, até seu triunfo ou queda, conhece um tormento horrível, dilacerada entre acreditar na promessa da luz e sentir a atração do demônio da corrente comum.

Enquanto estiver no raio de influência da radiação do mestre, o discípulo absorve suas virtudes ocultas e a corrente vulgar não consegue controlá-lo, pois a influência do mestre a destrói por completo.

Mas assim que é deixado só, o discípulo está sujeito a reações e há dois princípios em guerra dentro dele: o oculto divino e o mundano. O segundo é alimentado pela corrente vulgar, torna-se opressor e, enquanto o mestre recua, se o discípulo não continua a trabalhar para sua própria salvação, é submerso pela maré de vulgaridade e enlouquece ou se mata.

Para resumir:

a) O discípulo pode se considerar um iniciado assim que se retirar do fluxo comum.
b) Aqueles que são iniciados nas ciências e práticas ocultas acabam necessariamente entrando em conflito com as opiniões profanas do público.
c) O teste supremo do discípulo está em sua separação do mestre; se não possui a força necessária para levar adiante sua formação de modo independente, ele cai na corrente comum e é destruído.

Proposição III – Equilíbrio fluídico equivale a equilíbrio físico

Aqueles que querem estudar a magia e sua prática devem ser saudáveis de corpo e mente. Ao se apresentar na soleira do templo, o discípulo deve trazer consigo todas as suas forças florescentes e equilibradas, e renunciar, de modo espontâneo, a todas as ilusões que cultivou até aquela data.

A saúde do corpo é indispensável (é por isso que todas as regras da magia ensinam que, quando alguém não está com saúde perfeita, não *opera*) porque cada prática carrega a marca indelével do estado de equilíbrio ou falta de equilíbrio do praticante. Assim como a deformidade do corpo dá origem a um estado quase permanente de desvio fluídico, enfermidades temporárias determinam um estágio passageiro de falta de equilíbrio no praticante. Não são apenas defeitos físicos que impedem o estudo e as práticas mágicas, mas também o estado de desregramento, tanto nos homens quanto nas mulheres.

Na magia operante e natural, não é necessária a castidade absoluta, desde que o discípulo possa se abster dela durante os períodos de seu trabalho. Na magia divina, a castidade é uma condição necessária, sem a qual todos os refinamentos da inteligência escapam; é por isso que o casamento entre um iniciado e uma mulher comum impede o desenvolvimento da magia divina.

Proposição IV – O estilo de vida tem uma influência capital na nutrição e desenvolvimento do ser fluídico

Junto com o ato sexual, todos os outros atos externos, que praticamos em comum com outros animais, têm uma grande influência sobre a disposição, o crescimento e o poder do corpo fluídico do discípulo.

Não é em absoluto necessário se iludir sobre a onipotência da alma, se a alma (inteligência e consciência) não está de fato treinada para dominar o corpo físico que, assim como o caráter, pode ser modificado por ela.

O programa de preparação para o poder mágico e o mais puro hermetismo pode ser apresentado com bastante brevidade: *Converta os poderes integrativos do intelecto humano (a vontade) no mestre absoluto da estrutura animal, transformando essa estrutura em uma escrava pontual e obediente à autoridade psicodinâmica que existe dentro de nós; livre-se de todos os obstáculos ao livre exercício da vontade inteligente sobre o corpo, que é o instrumento necessário para a vida humana; liberte-se das necessidades mundanas.*

A escolha do alimento deve ser feita pelo mestre, de maneira científica, conforme a economia animal do discípulo, após um estudo cuidadoso de todas as suas tendências e das características bem-definidas de suas inclinações fluídicas.

Devo advertir, de uma vez por todas, que estou publicando os princípios absolutos dessa ciência desconhecida e que uma aplicação completa de todos os seus preceitos é apenas para aqueles que já se colocaram bem à frente na magia natural e divina e que não experimentam qualquer sequela negativa ao fazer essas coisas; na verdade, sofreriam se não as tivessem feito. Os discípulos, no entanto, em especial os jovens, podem avançar por graus para a realização desses preceitos. Podem fazê-lo sozinhos ou sob a orientação de um mestre, para que a transição abrupta de um estilo de vida comum para a dieta bem estruturada não produza mudanças que sejam temporariamente dolorosas para o organismo animal.

O tempo de sono não deve ser muito longo, porque o estado de sono no organismo humano contribui muito para tornar pesado o organismo animal; torna todos os componentes do corpo pesados e deixa o potencial fluídico entorpecido.

Sugiro, para o momento do sono, uma cama de campanha dura e um cobertor leve em um quarto muito espaçoso, onde não deve haver nenhuma lâmpada ou vela acesa enquanto o discípulo dorme. Um homem que está misticamente adormecido deve reentrar na escuridão total do astral e, enquanto o organismo recupera sua energia, ele, o homem inteligente, tem de tentar ultrapassar a zona escura para a branca luz astral. Isso acontece de modo instintivo com os que têm um desenvolvimento psíquico avançado, mesmo quando pertencem à multidão; sem dúvida sonhos proféticos ou sonhos de luz branca não passam de tentativas bem-sucedidas, feitas pela psique da pessoa adormecida, de entrar no mundo da luz astral, não contaminado pela poluição terrestre.

A energia animal do sono deve ser recuperada de forma adequada porque o organismo fluídico do homem, que tira vitalidade de seu invólucro físico, não deve se sentir cansado, superalimentado ou entorpecido. Se examinarmos as regras de todas as ordens religiosas monásticas, cujos fundadores foram reconhecidos como reveladores de antigas formas de magia ou sabedoria, perceberemos que as regras lógicas, exclusivamente científicas, da prática mágica coincidem não só com as monásticas, mas também com o preceito de estrita higiene, do qual a higiene atualmente ensinada nas escolas europeias se aproxima à medida que se torna mais plena.

A ventilação do quarto, a cama dura, o cobertor, que não deve ser nem muito pesado nem muito leve, a limpeza da roupa de cama, a extrema limpeza do corpo, que é alcançada por banhos de manhã e à noite, estão sem dúvida de acordo com as regras mais estritas da higiene que, registradas em livros, não são postas em prática com facilidade.

Vou agora aconselhar o praticante até mesmo sobre a cor das paredes e teto do quarto onde ele dorme: as cores, por meio do sentido da visão, têm um efeito direto sobre o cérebro, o cerebelo e os nervos, como estudaremos mais tarde; tintas coloridas produzidas de matéria mineral ou vegetal, que em diferentes extensões podem influenciar o cérebro pela inalação de seus vapores, inclusive através da pele, têm o pior efeito.

Os que têm meios e oportunidade deveriam substituir o reboco das paredes e do teto de seus quartos e caiá-los, evitando uma pintura branca com base de chumbo. A cor branca é a mais adequada para sensações psíquicas de origem visual e, em termos místicos, projeta-se como a imagem da pureza; na realidade deve-se observar que, se a cor branca está relacionada, no simbolismo mágico e religioso, à pureza e à virgindade, isto se deve ao desdobramento da verdade mágica de que *a cor confere sua virtude conforme a ideia e qualidade que lhe são atribuídas.**

Móveis, roupas, mesmo quando lavadas, tecidos, cobertores, cadeiras guardam a marca, ou melhor, o cheiro de quem as usou e são geradores de contágio fluídico sob a mesma lei geral que os experimentadores têm atribuído ao contágio por micro-organismos. Aquele que pode, então, prepare uma sala para si, exclusiva para sua própria vida fluídica. Para a prática da magia, devemos substituir tudo, do maior ao mais insignificante item da vida humana, e rejeitar como impura qualquer intrusão do fluido de outra pessoa, *exceto de mestres muito avançados na arte que não operem de forma impura*, pois se pessoas melhores que nós vierem à nossa casa, temos muito a ganhar e nada a perder.

Nesse contexto, devo sugerir as substâncias usadas para purificar lugares, indicadas em velhos livros de instruções, hoje substituídas por outras. É o caso do incenso, da babosa, do enxofre, do benjoim, do betume, do sândalo, das ervas aromáticas e das flores – que a ciência experimental de nossos dias quer substituir, por motivação científica, por fenol e outros desinfetantes parecidos.

As substâncias que, já há muito tempo, vêm sendo empregadas como desinfetantes foram usadas por sacerdotes desde as épocas mais remotas. Os magos da antiga Pérsia, mesmo os que, segundo a tradição,

---

* O *branco* é o símbolo da pureza natural porque qualquer outra cor, seja qual for, é o seu contrário, e a fusão de todos os contrários é atingida em seu contrário absoluto, o preto.

ajoelharam-se ao lado do berço de Cristo, usavam incenso, mirra, sândalo e resinas raras, como faziam os magos da Idade Média e como fazem praticantes modernos tanto no Oriente quanto no Ocidente, porque o conceito científico que está na origem dos magos tanto antigos quanto modernos é exatamente o mesmo. A relação fundamental sobre a qual repousa a ciência do que existe é: *o pensamento, em termos fluídicos, é generativo; cada projeção realizada tem sua origem não só no pensamento do criador, mas também no instrumento de projeção.*

Vou ilustrar com um exemplo.

A vontade de um operador, consciente ou inconsciente, é a causa de cada imponderável perturbação fluídica em um ambiente. Desde que o pensamento seja ajudado por um instrumento de projeção do organismo humano, sua realidade, mais cedo ou mais tarde, torna-se um fato. A perturbação gera um distúrbio físico, que no limite suprime a vida animal, o que significa *morte*.

Vamos ver agora como neutralizar a causa primeira do ponto de vista oposto. Devemos agir sobre a vontade do praticante, seja influenciando seu dispositivo de projeção *ou isolando nossa própria radiação fluídica para que as projeções prejudiciais e mortais não alcancem o alvo.*

Perfumes, dos mais sutis aos mais fortes, por meio de uma ação direta em nosso organismo e no organismo daqueles que entram em um lugar específico, são capazes de desenvolver tamanha preponderância de fluido em nós que *as tentativas de contágio fluídico feitas por outros* são em vão.

Desse ponto de vista, não precisamos zombar dos antigos que purificavam casas com incenso – nem devemos considerar ilógico que seja usado em ritos religiosos.

Voltando ao que eu estava dizendo sobre a purificação do lugar onde o discípulo deve estabelecer a fonte de sua pureza, são aconselháveis fumigações realizadas de maneira metódica. Ninguém melhor para avaliá-las que o mestre ou um irmão que esteja mais avançado no estudo e na prática da magia, *já que perfumes e fumigações têm efeitos diferentes dependendo de quem os usa, do momento em que são usados, do local e do praticante.*

Fica claro que, se quiser praticar a purificação em todas as fases de sua vida, o aspirante a mago deve se confinar a uma existência monástica.

Mas por muitíssimas razões, a vida social exige que o homem não se retire por completo do mundo, antes de qualquer coisa porque, como já dissemos antes, o santo nada tem a ver com o mago. Enquanto o ascetismo exige e promove a solidão, a vida do mago não pode exigir uma solidão perfeita, completa e perpétua devido à própria natureza da arte e da prática mágicas. O asceta almeja o aperfeiçoamento individual; ele é passivo, não procura outros em quem exercitar seu intelecto e força. O mago, no entanto, que é ativo por excelência, não pode nem agir nem desenvolver sua força senão por meio de outras pessoas e coisas vivas.

Para que não pense que essa vida de isolamento, aconselhada por mim, deve significar desligar-se por completo do mundo, quero acrescentar mais uma coisa: qualquer um que alcança a perfeição tem, como missão, usar sua conquista, senão para o bem das nações e da humanidade, pelo menos para o bem de seu próximo, que ele deve ajudar em todas as circunstâncias da vida. O conceito de solidariedade humana está baseado neste senso de irmandade; assim, qualquer aspirante ao poder mágico que espera ser bem-sucedido em seu ideal transforma-se em um pequeno messias, um portador de paz e consolo.

O pretenso mago, para viver no *mundo das causas*, tem de estar isolado e, para manifestar e desenvolver seus poderes, tem de manter relações sociais.

Quando ele *vive* no mundo extra-humano, tudo o que é matéria e fluido humano o incomoda: até mesmo a luz do Sol, que saúda os dias felizes da primavera, até mesmo o beijo de uma mulher que o ama; mas, para usar seus poderes, ele precisa da sociedade humana.

O regime de sua vida humana deve sempre representar a mais completa atividade. Viver para o corpo *e* para o espírito é problemático; significa ação em perpétuo movimento até ser alcançada a palingênese da matéria e o triunfo do espírito sobre todas as coisas, até que ele se liberte de forma consciente dos laços com a Terra e até que complete sua evolução para o princípio divino central, que as massas chamam de Deus, mas que em magia é chamado *Tetragrammaton*, que significa "uma palavra de quatro letras", porque esse poder central não tem nome e, em hebraico, é designado dessa forma.

Abluções matinais, banhos, isolamento em certas horas e em certos dias, purificação até mesmo do homem purificado que é momentaneamente emporcalhado pelo avassalador eflúvio da sociedade humana na qual ele vai exercer seu poder e sua missão. Os aromas que vêm do fogo purificam de qualquer coagulação fluídica o ar que ele respira, já que os vapores dos aromas têm em si não apenas a virtude das resinas, das cascas, da madeira e das ervas aromáticas, mas também confirmam para nossos sentidos como o fogo, ao queimar a madeira, as resinas, as cascas e as ervas transmite para as águas mortas das forças coaguladas seu movimento purificador e renovador, sendo a origem de toda mudança que impede o apodrecimento da estase astral.

Proposição V – O fornecimento de fluido é proporcional à nutrição do organismo animal

Mas se a abstenção sexual e a purificação do ambiente em que o aspirante a mago se refugia têm grande importância em sua vida fluídica, e se a perpétua atividade do corpo e do espírito o prepara para seu progresso no campo dos fenômenos incomuns e extra-humanos, nada é mais necessário para o desenvolvimento da vida fluídica do que a nutrição cotidiana.

Em geral, se acredita que o corpo humano tem apenas um meio de se alimentar: através do esôfago. E se acredita que a comida ingerida é transformada em sangue e, consequentemente, em energia nervosa ou intelectual. Mas esse não é o processo completo da nutrição dos dois corpos materiais (físico e fluídico) que se interpenetram no organismo humano. A nutrição adequada para o primeiro deve quase sempre ser evitada pelo segundo, e o que chamamos de *doença do século, a neurastenia*, fonte de uma miríade de distúrbios nervosos, origina-se não apenas da sociedade em que vivemos mas também, e principalmente, da nutrição errada de nosso organismo, ao qual são dadas ou atribuídas necessidades artificiais que não estão naturalmente ali.

A nutrição física do corpo humano depende não apenas da qualidade e quantidade de comida ingerida, mas também dos vapores que o corpo absorve durante a vida diária. O poder de absorção é específico do corpo fluídico e de seu tipo vampiresco (*vampírico*) de nutrição e, enquanto o corpo material digere e transforma comida mastigada em caloria, o corpo fluídico tira sua vida da aspiração e da nutrição do sistema nervoso e das partes ganglionares moles do corpo físico.

Eu disse que o corpo se nutre *de várias maneiras e que o trato digestório* não é a única forma de obter nutrição. Quero agora acrescentar que, mais do que o esôfago, o estômago ou os intestinos, o primeiro e mais importante dispositivo de nutrição no homem desenvolvido é o *aparelho psíquico ou irradiação psíquica vampírica*. Observe a nutrição animal normal na escala dos chamados bípedes racionais: partindo do idiota, cruze toda a escala até o filósofo e o asceta, e descobrirá que, onde predominam baixos instintos animais de voracidade vulpina (no idiota), tudo que seria psique ou inteligência no animal avançado está atrofiado, ou melhor, ainda não se desenvolveu; e no caso oposto ocorre o contrário: naqueles mais altamente desenvolvidos e avançados (filósofos, pensadores), tudo que possa estar relacionado à animalidade básica está em contínua regressão.*

Passo a passo, conforme a intelectualidade evolui no homem, sua ambição por comida diminui e, quando o princípio inteligente assume o controle, os laços com o corpo animal são afrouxados. Enquanto os últimos se enfraquecem, o primeiro se torna mais forte.

Mas não deve ser esse o objetivo daqueles que aspiram às práticas mágicas; pois assim como a solidão e a companhia devem ser os dois polos da existência de um mago ativo, seu corpo físico deve representar o recipiente mais robusto para sua espiritualidade. A esse estado de equilíbrio entre os dois extremos, que lutam pela supremacia, o mago deve sua saúde física perfeita e deve ao mais completo estado de realização deste equilíbrio a saúde das faculdades psíquicas. Sua nutrição deve estar alinhada com seu trabalho e seu desgaste: não há nada mais científico que o trabalho intuitivo na escolha de alimento por um discípulo que mal começou a praticar.

O conselho que dou àqueles que começam é serem frugais. Voltados para a comida simples, natural, preparada sem muito alvoroço. Dê preferência a vegetais, evite ao máximo possível carne vermelha e sangue. Desfrute o aroma de uma caneca cheia de vinho tinto, mas procure bebê-lo de maneira muito moderada e recuse aguardente e drinques alcoólicos.

---

* Em escolas europeias, a ginástica é o antídoto teórico para a quantidade de veneno que os meninos absorvem em seus livros: em outras palavras, o exercício físico deve equilibrar o exercício intelectual para que o desenvolvimento físico e o mental de um garoto andem de mãos dadas; mas, na prática, mesmo nas escolas, podemos ver que isso não acontece. Aqueles em quem um corpo atlético combina com uma inteligência brilhante são poucos e estão muito dispersos; em geral quando um aspecto predomina, o outro é deficiente. Para a educação perfeita de um rapaz que tenha um desenvolvimento mental normal, sugiro, em vez de exercícios feitos em casa ou no ginásio, esportes em que o interesse mental seja sempre mantido vivo: futebol, por exemplo, ou equitação, esgrima, natação e longas caminhadas.

Coma o que quiser, mas sendo frugal. Beba o que precisar, mas com moderação. Durma quando puder, mas sendo trabalhador.

Seja abstêmio ou ceda a algumas vontades, mas torne-se senhor de suas ações.

Se não der certo, diga que o problema está em você mesmo e procure-o até encontrá-lo.

Corrija seus caminhos, escolha a trilha certa e remova todas as manchas de maldade que houver em você.

O jejum é um renascimento simbólico do corpo, um renascimento para a vida de luz; é uma regeneração moral e material. É uma ajuda muitíssimo poderosa para o desenvolvimento e a liberdade do corpo astral.

☿
3. Inteligência, Força e Criação

Estudamos o Mestre Perfeito (nº 1 ☉) – apresentamos as principais condições do discípulo, que serão úteis para seu desenvolvimento (nº 2 ☽): agora estamos prontos para estudar os conceitos básicos do problema do extra-humano, do super-humano e do humano oculto.

O leitor deve se lembrar de que fiz alusão ao mundo invisível na seção *preparatória* à presente discussão, mas não me estendi sobre o assunto; o leitor, sem dúvida, deve avançar passo a passo.

A educação espiritual do discípulo tem dois objetivos:

1. Melhorar as condições psicofísicas do aspirante a mago para que ele possa se aproximar de uma perfeição orgânica ideal.
2. Torná-lo sensível à influência de quaisquer irradiações físicas ou inteligentes externas.

De acordo com a constituição com que a natureza equipou o discípulo, os resultados serão máximos ou mínimos, mas não podem chegar nem jamais chegarão a serem nulos, pois à medida que o estado de purificação progride, a pessoa antecipa sua vida no *espírito*. Em vez, no entanto, de alguém completamente nascido no mundo invisível, ela participa ao mesmo tempo da vida humana e da vida extra-humana.

Esse é um primeiro ponto essencial no qual o discípulo deve concentrar sua atenção.

A lei da evolução progressiva governa todas as coisas que foram criadas e que *podem vir a ser criadas*. Se a morte de um homem representa seu nascimento para uma segunda vida – assim como a morte de uma vida uterina anuncia um nascimento para a vida na Terra – isto claramente significa que traçar um paralelo entre o espírito de um ser que viveu na Terra com um espírito vivendo uma vida humana é como comparar o espírito de um homem vivo com um feto no útero de uma mulher.

O óvulo fertilizado no período de incubação da galinha representa, de forma análoga, o que é o espírito humano que ainda se encontra no corpo material da mãe. A diferença básica se encontra nisto: o feto no útero e o pinto no ovo não podem, assim como o espírito humano não pode, se comunicarem com o mundo físico fora do útero e fora da casca do ovo, o que significa que, nos níveis mais profundos de animalidade, a espiritualidade, que quebra todos os obstáculos físicos, é embrionária.

A educação mágica visa libertar o espírito aprisionado em um corpo humano por laços muito fortes, soltá-lo para que ele possa, com liberdade, antecipar sua terceira existência ou sua segunda vida inteligente.*

Para a Magia, como sempre foi sustentado pelo ensino, prática e realização dessa prática, e para muitos mitos religiosos que perpetuaram por entre a escuridão de épocas remotas, o corpo humano representa o vaso ou recipiente do princípio divino, inteligente, que está

---

* A primeira existência é a do embrião.

encarnado, que penetrou na matéria terrestre para sublimar certas forças na direção da realização divina. Uma vez, no entanto, que tal ensino não pertence à trivialidade dos elementos, mas à alta teurgia mágica, vou apenas chamar a atenção do pesquisador para o arranjo, a estrutura e a nutrição da psique humana.

Abra um ovo fertilizado e você encontrará (1) o fertilizante coagulado, (2) a gema e (3) a albumina. Quando o pinto é chocado – por um milagre alquímico de calor materno ou artificial – os três elementos contidos na casca vão se transformar em um animal (algo que ninguém poderia imaginar). Por estranho que pareça, 21 dias antes do milagre, ninguém pensou que o sêmen fertilizando a gema e a albumina do ovo tivessem o poder de gerar *vida*. Sem dúvida, o nascimento do ser humano para sua segunda vida tem de absorver toda a materialidade terrestre, do mesmo modo como o pintinho se alimentava do que o ovo continha; o espírito humano fica *desencarnado* – ou seja, é *espírito criado* – quando absorveu os materiais que o nutriam. Em todo homem, de fato, o processo natural é esse: o corpo físico é consumido (velhice) e a pessoa nasce para a vida do espírito (morte). A magia natural visa uma grande realização em nossos tempos, algo que é surpreendente, inacreditável: estou falando *de criar a condição de espírito em uma pessoa com seu corpo ainda não absorvido* (como o pinto absorve os conteúdos do ovo). O corpo serviria, ao contrário, como um recipiente de suprimentos materiais, renovados de forma contínua e nunca completamente absorvidos,* enquanto a pessoa precisar deles e pelo tempo que for necessário.

É fácil compreender como tudo isso acontece: ou temos contato com um homem que atingiu um nível muito avançado de desenvolvimento e que pode comunicar as mesmas propriedades para nós ou podemos confirmá-las em nós; ou possuímos, pela graça de Deus, a

---

* O elixir da vida tem esse fundamento ideal: renovação constante da matéria do corpo humano para evitar sua inércia e colapso.

visão clara para intuir as leis dessa alquimia secreta do espírito humano; *ou, então, trabalhamos por muitos, muitos e longos anos para, quando menos esperarmos, alcançá-las por meio do trabalho árduo e perseverança.*

Os dois últimos métodos são os mais comuns, porque encontrar em nosso caminho um mestre perfeito, que de fato nos dê esse ponto de partida de desenvolvimento, indica por si mesmo uma efusão de graça, sem correlativo no mundo humano, porque essa dádiva não pode ser paga com dinheiro deste mundo. Que esse homem lhe dê imortalidade e se torne seu verdadeiro pai na eternidade espiritual é algo que você deve confirmar por contato direto, antes de se separar dele para viver sua própria vida e crescer de forma plena.

Na verdade, às vezes encontramos criaturas, homens ou mulheres, que são excepcionais no desenvolvimento de seus *estados espirituais*; dessa forma aparecem os estados de *mediunidade natural* e a evidência visível disso em certos seres é sua inclinação natural para o ascetismo religioso ou amoroso. Onde o desenvolvimento do organismo psicofluídico não se dá em harmonia com o corpo físico, a vida animal do indivíduo é muito anormal e as desordens nervosas e os muitos fenômenos patológicos mostram ao mundo do ignorante que se está lidando com um maluco; é por isso que certos casos de loucura eram sagrados em religiões antigas; é por isso que as religiões iluminadas prescreviam que aqueles com uma tendência a se interessarem por assuntos sagrados deveriam ser admitidos de imediato na ordem sacerdotal, para que o desenvolvimento prematuro do ego fluídico não precisasse lutar contra uma vida profana. É por isso que muitos homens que se aplicaram de corpo e alma para expulsar o demônio, sem regras, sem um guia ou uma ajuda intelectual extra-humana, divina, foram vítimas de acidentes físicos ou doenças que os transformaram objetos de observação em salas de anatomia.

Não há nada mais simples que a prática do espiritismo de Allan Kardec,* mas ainda assim convido os pesquisadores a observar de perto aqueles que se tornam os médiuns mais altamente desenvolvidos e todas as alterações no corpo do médium à medida que ele progride e, ao mesmo tempo, continua a tocar sua vida mundana. Alguns começam a empalidecer, outros a mostrar problemas cardíacos ou respiratórios, outros têm distúrbios estomacais ou nervosos; nenhum médium avançado pode dizer: "*Sou fisicamente o mesmo homem vigoroso de outrora*".

Mas é mesmo verdade que aqueles que seguem as práticas do espiritismo para desenvolver poderes mediúnicos latentes arriscam suas vidas ou pelo menos sofrem de distúrbios nervosos? É verdade, em suma, que aqueles que se dedicam às práticas das ciências divinas tornam-se física e intelectualmente doentes? Sim, trata-se de uma *verdade incontestável se o desenvolvimento do espírito da pessoa não entra em acordo com um novo regime para sua vida humana.*

A Magia, portanto, por meio do regime gradualmente ajustado e prescrito para os discípulos para vivê-la, vaticina um estado de equilíbrio entre o espírito e seu recipiente físico; a partir desse estado – a perfeita saúde do corpo, enquanto o espírito é purificado e flutua em regiões superiores – as forças do corpo fluídico ganham um excepcional vigor. Uma doença no corpo físico de um mago representa sempre um erro cometido por ele no domínio do corpo fluídico, tão próxima é a relação entre desenvolvimento fluídico e saúde física.

Agora enfrentamos o problema: uma vez que o corpo do discípulo tenha sido preparado o suficiente para se tornar receptivo a qualquer sensação não percebida por outras pessoas, o que ele vê no mundo invisível?

Antes de qualquer coisa, existe de fato outro mundo ou tudo não passa de invenção de uma mente doente?

---

* A. Kardec. *Il Libro degli Spiriti, Il Libro dei Medium* (*O Livro dos Espíritos, O Livro dos Médiuns*). Roma: Edizioni Mediterranee, 1972.

A magia natural ensina e a experiência cotidiana prova que, além das forças estudadas pela física e aplicadas pela mecânica, existem *forças* desconhecidas pela física e pela mecânica que têm sido, por convenção, chamadas de *hiperfísicas*, isto é, acima da física. Parece inútil provar o erro científico de um nome que não resiste ao nosso exame.

Physis, do grego, significa "natureza". Todas as forças estão incluídas na natureza, independentemente do princípio intelectual que as anime: som, calor, eletricidade, luz. A física conhecida estuda essas forças de maneira muito imperfeita, porque limita os estudos de suas leis a efeitos experimentais, enquanto deveria se concentrar na *unidade de cada movimento*. Ela deveria estudar as leis de sua criação – modificações ou modos de ser das forças da natureza – que nosso organismo animal libera.

Se pretendemos alcançar uma unidade pela busca indefinida da fonte, mãe de todas as manifestações de todas as forças e energias físicas, acho que não podemos imaginar algo mais sintético que o magnetismo na natureza, que é sempre considerado magicamente como energia, força, calor, som, eletricidade, tempo, espaço, dimensão, movimento, vida: expressão de tudo que aparece em tantas manifestações distintas da natureza física inteligente do mundo perceptível.

Daquilo que está oculto em nós emana a variedade de forças que podem ser resumidas na palavra vida, da sensação animal ao pensamento, à ideia, à imagem concebida, ao magnetismo orgânico preservador que transforma e cria.

Consequentemente, o magnetismo é a síntese da energia e da vida que cria uma unidade humana; o magnetismo é indefinível, a vida é indefinível; o primeiro, vindo de uma fonte universal, é o pai e centro supremo de todas as forças na natureza perceptível; a segunda, criada pelo primeiro, evolui ou se detém por razões incompreensíveis. Portanto, todos nós possuímos um poder magnético – mas em diferentes proporções, conforme nossa constituição natural – que pode se manifestar sem que o indivíduo tenha consciência disso.

A máquina animal emite uma quantidade perceptível de som, calor, magnetismo, eletricidade e uma quantidade imperceptível de luz.

Se essas forças exclusivamente físicas são reduzidas no organismo humano ao movimento do sangue e ao princípio inteligente que move o todo, encontramos o mistério da *vitalidade* e do *movimento vital*, que é sincronizado com o *movimento* que representa, no abstrato, a unidade de forças mecânicas na natureza visível.

A vida animal (ou melhor, o *impulso animal vital*), transmitida pelo pai em um êxtase que só dura um momento, começa em um óvulo fecundado e termina quando a última lágrima escorre pelo rosto do morto, mas nada pode nos impedir de acreditar que o movimento transmitido através do ato de geração continue, mesmo após a morte do corpo material visível por todos, em um terceiro corpo fluídico que é seu sucessor. Esse movimento (*movimento*-unidade) e todas as suas manifestações (chamadas de forças paranormais, magnéticas, hipnóticas, nervosas e assim por diante) não estão *acima da natureza*, mas dentro da natureza física, sendo portanto físicos, não hiperfísicos – podemos apenas chamá-los de *ocultos* porque sua ação não é percebida por todos os seres organizados.

Para sermos rigorosos em termos científicos, nem mesmo a palavra *oculto* deveria ser usada, porque as forças ainda não estudadas pela ciência experimental não são ocultas em seus efeitos, mas somente em suas leis de produção, assim como a eletricidade era oculta até Volta inventar a bateria elétrica.

Uma vez que todas as forças da natureza são medidas, estudadas e identificadas com base em seus efeitos perceptíveis, seria perfeitamente lógico, dados apenas os *efeitos* da eletricidade, calor e luz, negar que exista um mundo de forças brutas que a inteligência humana possa escravizar e dobrar à sua vontade. Por meio da observação de todos esses fenômenos de calor, luz, magnetismo e som que ocorrem no pequeno mundo (*microcosmo*) do homem individual, vemos de forma abreviada o mundo das forças humanas vitais.

Contudo, o significado da pergunta: "Existe outro mundo?" não se refere a forças físicas, porque a física não atrai sonhadores, mas à existência de *um mundo de indivíduos que já viveram na Terra* ou de seres que nunca viveram em forma humana e, no entanto, possuem razão e vontade.

Os materialistas respondem à pergunta afirmando que não existe outro mundo; os espíritas respondem que sim, existe. Os primeiros declaram que qualquer coisa que não se revele aos cinco sentidos do ser humano é falsa. Os segundos, ao contrário, sustentam que os cinco sentidos conhecidos no homem representam o que o homem tem em comum com os animais inferiores e que devemos levar em conta o *espírito ou inteligência humana*, que representa um sexto sentido, intuitivo e clarividente, que é uma propriedade do homem evoluído e que tem de ser tomado como regra e base de qualquer avaliação de *coisas existentes que não se revelam aos cinco sentidos*.

Vamos deixar por algum tempo os materialistas e os espíritas em paz e vamos perguntar a nós mesmos o que é verdade. Os cinco sentidos humanos, a poderosa arma de seres sencientes, com frequência nos enganam: um teste aleatório com um sujeito sensitivo, impressionável, antes mesmo que ele seja posto em um sono hipnótico, é suficiente para nos convencer de que os sentidos animais são a mais imperfeita de todas as coisas criadas. O estado de hipnose, ainda que superficial, pode facilmente ser usado para alterar as funções normais dos sentidos de um sujeito sensitivo. É claro que nem todas as pessoas hipnotizadas podem ver com facilidade com as pontas dos dedos, mas todas sentem ao beber um copo de água pura o sabor que queremos que o participante da experiência prove. Água fresca adquire o gosto e as propriedades do óleo de rícino, assim como um buquê de flores pode assumir todas as formas possíveis. E a ciência experimental ainda não descobriu em que faixa e em que proporção podem ser encontrados os mais inesperados fenômenos de hipnose ou credulidade em uma sociedade de homens racionais, de modo a determinar o verdadeiro nível da *sensação natural* normal, que está livre de qualquer influência externa.

A fisiologia atribui todas as funções centrais dos sentidos ao cérebro, mas quer o centro de todas as impressões externas seja o cérebro, o cerebelo, o bulbo ou o sistema nervoso simpático, é certo que os sentidos animais são pobres e irrisórios, que facilmente nos enganam e que falseiam a verdade em qualquer exame da existência. Sensações externas chegam ou não ao centro sensível em função de os nervos delicados transmitirem ou não a impressão da periferia para o centro.

Se pensamos, é porque ouvimos, tocamos, vemos, saboreamos, cheiramos – e temos as ideias pertinentes, a mente (*mens*), isto é, a inteligência em seu mecanismo humano, que não pode negligenciar a percepção. Não há pensamento que, direta ou indiretamente, não se refira a memórias sensoriais. Não acredite, ó homem, que seja corpo e alma; considere-se uma unidade, assim como o Universo!

Eu disse: deixemos em paz os materialistas e os espíritas; se raciocinarmos sem a paixão de um debate para apoiar ou defender, pelo mero gosto da controvérsia, ou porque é nosso trabalho, ou porque seguimos uma tendência, e se nos isolarmos da charlatanice que intelectuais, pesquisadores e filósofos proferem à nossa volta, podemos nos perguntar se cada uma das impressões nervosas que afetam os centros de nossas sensações resultam de uma verdade, de uma vontade ou de uma ilusão.

Onde você acha que encontrará a verdade? Acima de todas as sensações? Neste caso, os sentidos físicos não são um ponto de referência para a impressão *daquilo que parece ser*. No domínio exclusivo dos sentidos, livre de quaisquer influências externas? Neste caso é a mente, a razão, o espírito que fala. Antes de todas as impressões físicas? Mas quem garante que não amputamos a verdade, criando para nós mesmos uma sensação em nosso centro sensorial que não vem em absoluto da periferia? E é verdade que o caminho das sensações começa na periferia e chega até os centros sensoriais? E quem nos assegura que não é o contrário, que dos centros sensoriais elas chegam à periferia? Ou quando é verdade a primeira coisa verdadeira, e quando é a segunda?

Os homens mais felizes são aqueles que não pensam ou não têm tempo para pensar; aqueles que gostariam de discutir filosoficamente os aspectos questionáveis daquilo que surge diante de nós, e se aquilo *pode ou não pode ser assim*, esses acabariam no hospício. Mas a filosofia oculta (quero dizer: do tipo elementar, e não do tipo mais complexo, sobre o qual não se escreve) volta à origem da ação dos sentidos sobre o poder criativo intelectual e reduz os fundamentos da verdade a uma fórmula: *cada sensação é uma ideia e cada ideia é uma sensação: a ideia de um ser é um ser, e o poder central de tudo que foi e que pode ser criado no Universo* (macrocosmo) *ou no homem* (microcosmo) *é o ser,*[*] *ao mesmo tempo criador e criação, isto é, criador e criado, árvore e fruto.*

É difícil, caro leitor, entender este axioma fundamental? Não peço que o discuta, mas que medite com serenidade sobre ele, em todas as horas calmas de seu espírito, quando a luz divina sorri sobre a sua inteligência e quando você precisa de consolo pelo fato de a luta do pensamento humano com a realidade esquiva ter sido a mesma, desde tempos imemoriais, em todas as épocas e em todas as civilizações, até que a filosofia secreta dos magos expôs a primeira verdade esotérica sob a forma do triângulo místico comum a todas as religiões clássicas e a todas as seitas filosóficas e iniciáticas.

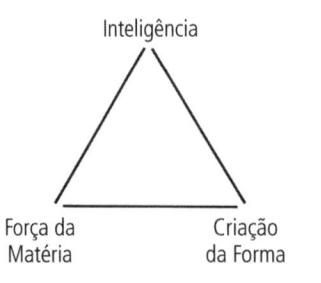

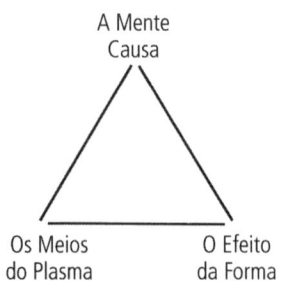

```
            Inteligência                         A Mente
                                                  Causa
               /\                                  /\
              /  \                                /  \
             /    \                              /    \
            /      \                            /      \
           /_____\                          /_____\
        Força da    Criação                Os Meios     O Efeito
        Matéria     da Forma               do Plasma    da Forma
```

---

* *Ente*, no original italiano, que vem do latim *ens*, "ser" (N. do T.).

Reduzir esses três fatores filosóficos à linguagem esotérica das igrejas dogmáticas é a coisa mais fácil.

O pai, a inteligência, a mente, o espírito instrutor, o centro sensorial são sinônimos do vértice superior do triângulo; os outros dois vértices representam o Filho (ou matéria formadora, ou periferia) e o Espírito Santo (o veículo da força criativa humana do centro ativo, o Pai).

Observe, caro leitor, que estou reduzindo o simbolismo religioso oculto a uma explicação da forma da *Verdade Absoluta* em todos os seus possíveis aspectos.

Agora vamos virar o triângulo de cabeça para baixo:

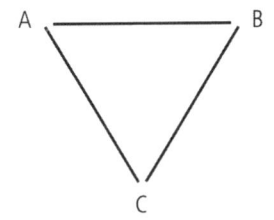

Ao colocar no vértice C o poder central que recebe sensações da periferia, descobriremos no triângulo invertido tudo que corresponde à forma, ao pensamento e ao conceito religioso do *diabo da Igreja Católica*. É um símbolo de cegueira absoluta, no qual os centros sensoriais estão sob a influência cega dos extremos periféricos A e B: é a matéria criando seu Deus *sem luz*.

Vamos examinar as palavras. O número 3, ao qual corresponde o signo planetário de Mercúrio ☿, inclui todos os três termos do triângulo em sua posição original: *inteligência, força* e *criação*; ou a causa, os meios e o efeito, que é todo o trabalho de uma obra tanto na magia natural quanto na divina.

Criar, explicam os teólogos, significa *extrair alguma coisa do nada*. Mas isso não é verdade, porque o conceito do *Universo* ou *Cosmos* é a abstração de tudo que foi e será, incluindo a *inteligência primordial* que tudo anima. A *criação*, segundo o simbolismo sagrado, é a ação da suprema potencialidade da Inteligência divina sobre a matéria não sublimada, que produz uma *forma*, que não passa de uma indicação da vontade reformadora. Mesmo se tomarmos os livros sagrados tradicionais em sentido literal, Deus *criou* o Homem ao misturar o lodo da terra com seu sopro: tanto o lodo quanto o sopro existiam antes do homem, e foram unidos e misturados pela vontade de *criar* uma forma mais perfeita de animal, que estaria mais próxima do pensamento que lhe deu forma. E este *homem criado* por uma vontade suprema passou-nos o impulso da vontade divina que o criou... e fomos criados por nossos pais exatamente do mesmo modo como o primeiro e mais antigo de nossos ancestrais foi criado pela vontade de Deus, exatamente do mesmo modo como criamos uma criança misturando o lodo da terra (o ato da cópula animal) com um certo *espírito de vida*, que os seres sencientes nunca vão captar, porque esse *espírito de vida* é liberado naquele momento fisiológico em que a filosofia materialista é absorvida pelos sentidos, no espasmo do amor e da libido, e a doutrina espírita é sequestrada pelo êxtase espiritual, que produz efeitos bastante materiais após nove meses, se não antes.

Criar, portanto, não é tirar algo do nada, é dar vida e forma, pensamento e vontade, espírito, essência e aparência.

Se a humanidade não pensasse apenas em enriquecer e no gozo refinado das sensações mais delicadas e cultivadas com esmero, não estaria se distanciando tanto da fonte da verdade absoluta. E a filosofia oculta, que é a verdadeira, a única, a imutável razão por trás de todas as coisas, leva a duas constatações que, em termos comuns, assim se definem:

a) O prazer na vida dos sentidos é o resultado de todas as ações do mundo exterior sobre o centro intelectual inerte.

b) O ato criativo, a verdadeira imitação de Deus, a Inteligência primeira, é, ao contrário de qualquer prazer profano, a preponderância do centro intelectual (*vontade inteligente*) sobre os extremos da periferia em contato com o mundo exterior.

Daí a diferença entre o iniciado na magia natural e o homem comum. O primeiro tem seu centro de pensamento (*inteligência, força, vontade* e *ação*) perfeitamente de acordo com as condições em (b), está livre do mundo ao seu redor e é capaz de produzir o fenômeno da realização de sua vontade; enquanto o segundo está inteiramente sob a influência de qualquer estímulo intelectual que chegue até ele por meio de uma sensação externa.

Recomendo ao leitor, que queira de fato progredir, o estudo atento dessa parte fundamental da mecânica de impressões e vontade, cuja base filosófica expliquei da forma como é ensinada na *Cabala*,* o livro da filosofia do absoluto e do relativo. Mas deixo o caminho aberto para aqueles que desejam estudar a *Cabala* em suas partes e, neste apanhado dos elementos da ciência secreta dos magos, extraio e divulgo seus preceitos para que a aplicação desses preceitos seja clara e para que eu não continue a ouvir pessoas dizerem que as ciências ocultas são uma completa fraude feita por quem tira proveito da credulidade dos outros. Melhor ainda, pretendo semear nos estudiosos, aqueles preparados pelo ceticismo de nossas escolas para não acreditar, a semente prolífica de uma teocracia integral ou científica que criará, para os povos do futuro, um estado de misericordioso bem-estar de uma ponta à outra de sua organização civil.

Mas não nos afastemos de nossa progressão intuitiva.

Não são os sentidos, então, que mentem, mas sim as sensações elaboradas nos centros conscientes de um homem que não é livre para julgar.

Os sentidos físicos são para as pessoas o único ponto de referência da realidade, mas as impressões sensoriais adquirem seu valor conforme

---

* Gershom, Scholem, *La Cabala* (Roma: Edizioni Mediterranee, 1981).

o estado de consciência e a neutralidade psíquica do sujeito sensível. Para compreender a verdadeira natureza das coisas, precisamos de um estado de perfeita neutralidade, que é produzido a partir de um perfeito equilíbrio dentro de nós.

Uma vez estabelecido o princípio de que os sentidos humanos enganam os centros sensoriais passivos, a questão: "Existe outro mundo de criaturas racionais, invisíveis e portadoras de vontade?" não pode ser confirmada ou apreciada e discutida usando os sentidos animais, e precisamos ir contra a corrente de baixas sensações, indiretamente, do centro para a periferia, para que possamos ter consciência de sensações que são diferentes das cotidianas.

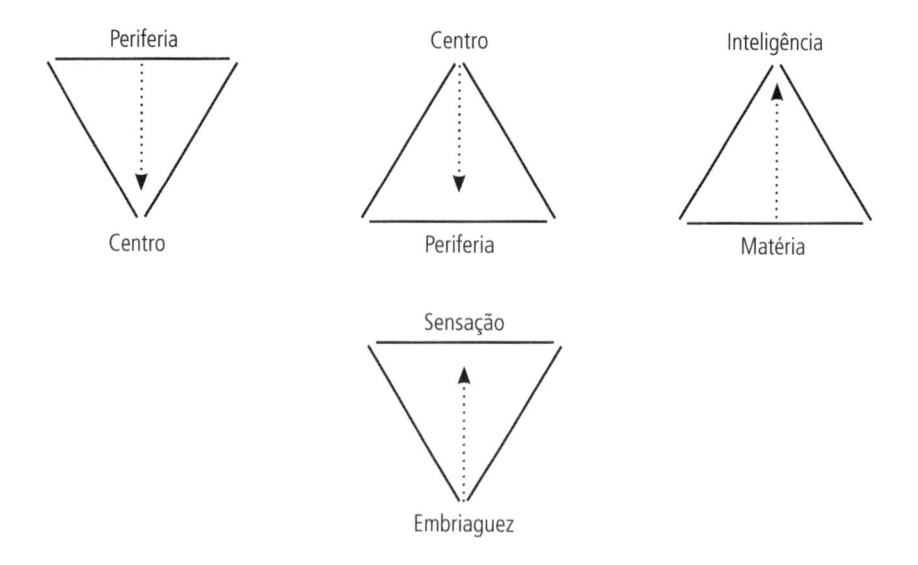

```
    Periferia              Centro              Inteligência
      ▽                      △                     △
    Centro                Periferia              Matéria

                         Sensação
                            ▽
                        Embriaguez
```

Magnetize um sujeito sensitivo. Ao carregá-lo com seu fluido ou ao hipnotizá-lo por meios mecânicos, você vai isolá-lo de sensações externas. Isso significa que você produzirá o fenômeno temporário de libertar seu centro sensorial inteligente de influências externas. Livre de sensações externas, o centro psíquico do sujeito está para o centro psíquico de um homem comum como a mente de alguém com um estômago vazio está para a mente de quem abusou copiosamente de bebidas embriagadoras. É obtido o fenômeno da lucidez, da clarividência. *A impressão de um pensamento fluídico ou a imagem evocada de algo existente* se reflete de imediato sobre o centro sensorial inteligente do sujeito, que se comunica não com os sentidos de seu corpo físico, mas com a mente (*força do pensamento*) daquele que o magnetiza, refletindo as sensações ou imagens a ele fornecidas.

Todo isolamento consciente ou inconsciente da força sensorial central abre caminho para a manifestação da potencialidade de reflexo das imagens que nos cercam e que vêm de outras pessoas ou coisas. O poder psíquico de uma pessoa aumenta quando exercitado, assim como o exercício físico desenvolve os músculos.

A ciência oculta, que foi transformada no esoterismo religioso do cristianismo, nos dá um método simples; ela diz ao fiéis: "Meditai e ouvireis a voz de Cristo".

Os cientistas riem quando ouvem falar das práticas do cristianismo, e infelizmente é um fato verdadeiro que muitos padres não acreditam nem compreendem o que fazem. Quando o padre no altar diz *Verbum caro factum est* [E o verbo se fez carne] ele não sabe ou não entende que se trata do cumprimento de uma obra de magia; a palavra se tornou ação e realização por meio da manifestação de Cristo.

Ora, isola-te, medita, diz o cristão, e o Espírito Santo de Deus descerá sobre ti. Esse Espírito Santo dos cristãos é o velho *telema*, o elo entre o invisível e o perceptível. Mas se o espírita senta-se a uma mesa com uma folha de papel na sua frente, uma caneta na mão e reza seguindo a fórmula de Allan Kardec: "Deus Todo-Poderoso, deixa meu anjo da guarda me responder... ou deixa o espírito de (seja quem for) falar comigo...", o processo é o mesmo. *A liberdade do poder intelectual central é alcançada relaxando a sensibilidade física na pessoa.*

A explicação é a mesma para todos os outros métodos usados em todo tipo de atividade divinatória.

A visão na água (recentemente chamada de *Espelho de Cagliostro*) ou a visão em espelhos côncavos ou em superfícies polidas apenas faz uso da irradiação de raios de luz refletidos pelas superfícies. Elas brilham para o olho físico de *Pupila** para determinar o movimento ou ação do equipamento visual secreto no organismo humano.

A música, harmônica ou melódica, tem o poder de agir por reflexo sobre a psique do ouvinte; o aparelho auditivo comum, tomado pelo vórtice da progressão das notas ou atordoado pelas vibrações dos instrumentos metálicos, certamente pode produzir um estado de hipnose cataléptica em algumas pessoas sensíveis.

Recapitulando, para ir além: os meios práticos para a obtenção da intuição da verdade ultra-humana se resumem a apenas um: *tornar dormentes os sentidos animais para dar completa liberdade a outro, àquele sentido que é o meio condutor entre o ultra-humano e o humano.*

A separação [*separando*]** é o enigma da grande magia dos magos e é o único objetivo absoluto. É impossível perceber o fenômeno intelectual sem alcançar o *desapego*, a *separação*...Veja como nossa linguagem é pobre! Estou usando duas palavras que por si mesmas são impróprias e não têm significado, porque são tiradas do mundo das coisas e, na filosofia oculta (*unitária*), não pode haver, estritamente falando, nem desapego nem separação.

Contudo, tanto na matéria quanto no espírito, eternamente mesclados de forma surpreendente, há duas polaridades e, em consequência

---

* Cagliostro chamava Pupila "à criada que olhava o que havia na garrafa de água".

** Por *separando*, os hermetistas italianos se referem à separação do corpo lunar (incluindo os corpos mercurial e solar), chamado *separando lunare*, do corpo físico por meio de procedimentos alquímicos. Também pode haver um *separando mercurial*, que representa a separação dos corpos mercurial e solar dos corpos lunar e físico (N. do T.)

disso, duas sensibilidades, a mais refinada derivando da negação da mais grosseira, e vice-versa.

Neste conflito, o equilíbrio do termo médio é determinado dentro da relatividade da vida, do *magnetismo hermético ou integral*, que é o instrumento mágico por excelência, porque torna possível a compreensão das forças sensoriais, em sua inteireza ou separadamente, nos dois extremos: um fenômeno que não é possível para os sensitivos de matéria básica, nem para os espíritas, que concentram toda a psicodinâmica intelectual mais elevada na direção do polo extremo da sensibilidade mais sutil.

Sinto que essa explicação não é de todo satisfatória na apresentação do conceito de iniciação hermética por duas razões: a falta de novas palavras, que não posso inventar, já que a maioria das pessoas não têm *ideia* da coisa, e o erro da educação filosófica profana, que torna o leitor incapaz de analisar as causas dinâmicas de qualquer ação da inteligência humana em relação à mais baixa das criações sensíveis.

Essa discussão, que parece obscura, permanecerá assim para todos aqueles que não pretendem praticar, mas apenas falar sobre o assunto. Por *praticar*, quero me referir ao treino difícil, que leva à percepção da sensibilidade, que se torna luz e espírito intelectivo na misteriosa obscuridade da origem de cada um de nós.

Escrever e falar sobre magia não significa ser um mago: um mago é criado por meio de um processo contínuo de autocriação, primeiro através da determinação da análise mais próxima da sensualidade e do sentimento sem os preconceitos do ascetismo e do materialismo mecânico, depois através da iniciação ao arcano.

Todos os homens e mulheres, assim que começam a desenvolver seu sentido interno ou percepção sutil, independentemente dos meios que usem para tanto, estão apenas repelindo tudo que é inércia externa em benefício de seu desenvolvimento físico.

Esse mundo do além, esse mundo de seres que já viveram ou que não viveram uma vida terrena, não pode ser apreendido ou julgado pelos métodos comuns de controle dos sentidos animais, e é inútil tentar transformar em crentes neste mundo aqueles que não desenvolveram a propriedade especial que é o olho da alma, que chamamos de *sexto sentido, percepção sutil, telema* ou *Mercúrio intelectual.*

Quando usamos o *sexto sentido*, apesar de não ser possível aos homens comuns controlar o método de teste, o teste ou verificação sempre pode ser feito em termos físicos. Um cavalheiro nos dá boas-vindas com belas palavras e bons modos, e *intuímos*, sentimos, por meio da aguda percepção de nossa alma, que ele não está sendo sincero: nossa percepção, o sentimento que lemos de maneira profunda na alma dessa pessoa não pode ser testado em si mesmo; o método de teste é uma certeza para nós, mas o valor dele é duvidoso para os outros. Pedimos, no entanto, por uma *prova* após a qual ninguém possa negar a intuição que havíamos sentido. Esperamos alguns dias e, na primeira ocasião em que esse homem parece de novo sentir uma simpatia com relação a nós, ele revela quem ele é. Nossa intuição anterior foi provada por um teste físico.

O mesmo acontece em questões experimentais de ocultismo mágico.

A fé é cega. Cremos porque não somos capazes de julgar. O homem ignorante no consultório do médico tem de ter fé no médico: creio, ó médico, em seu conhecimento humano! O homem inteligente que não consegue avaliar e abraçar a Unidade Central, o Criador e Movimento e Vida que é o Grande Todo, tem de ter fé em Deus. Mas quando falamos da verdadeira ciência, o que a maioria das pessoas chama de fé é apenas *a intuição de uma verdade por meio do sexto sentido que está esperando para ser testado abertamente, de um modo físico.*

Sem essa percepção, que de forma errônea é tomada por fé pelas massas populares, Arquimedes não teria descoberto as leis do deslocamento da água, Galileu não teria descoberto a lei do pêndulo, Colombo não teria descoberto a América, Darwin não teria escrito *A Origem das Espécies*.

Leia sobre a história dos grandes alquimistas; eles passaram cinquenta, sessenta anos, ou ainda mais tempo do que isso, atiçando seus fogos para liquefazer metais: apareceram combinações químicas uma após outra, mas os metais não foram vitalizados nem transformados em ouro. Os que chegaram a possuir a lei da transformação na *unidade protogeradora* talvez não poderiam dizer "tive fé e fui bem-sucedido", mas sim "a intuição, a percepção de que eu chegaria lá me fizeram continuar, apesar da zombaria dos outros – e eu consegui".

O fato é que o *outro mundo* em questão, sendo um conjunto de inteligências, criações e forças, pode e deve ser percebido de forma intuitiva por aqueles que são psiquicamente avançados, mas a certeza da existência deste mundo contendo inteligências, criaturas e forças tem de ser sentida por todos os homens por causa dos efeitos materiais que produz.

Cada *ação* gera uma *reação*, tanto no mundo das forças mecânicas quanto no mundo hiperfísico. Nas forças, criaturas e inteligências que povoam o mundo invisível, a ação é a obra de quem tem uma intuição, ou melhor, de quem desenvolveu o sexto sentido, sentindo a presença e a ação das forças e inteligências hiperfísicas, cuja *reação* tem um forte impacto no mundo físico.

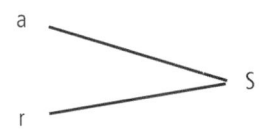

Se (*a*) é a ação de forças e inteligências extra-humanas, que uma pessoa *sensitiva* (S) percebe, a reação (*r*) está no domínio do físico.

Em termos astronômicos é assim:

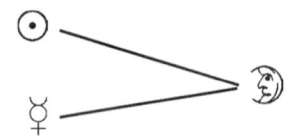

Portanto, a fim de evitar qualquer mal-entendido, o que estou dizendo é que, se a percepção da ação do outro mundo sobre o mundo sensível é exclusiva daquele que pode perceber, de forma sutil, o movimento dessas forças e inteligências, todos que não se elevam acima da mediocridade têm o direito de ter prova física dessas intuições do outro mundo a partir de suas *reações sensoriais*.

Proposição VI – O conflito entre religião e ciência é definido pelo sofisma da definição de Deus e do Espírito de Deus

Na magia, para entender o que queremos dizer por *inteligência*, devemos examinar brevemente as *forças* da natureza. Advirto meus leitores religiosos que nesta seção não tenho intenção de depreciar o Deus de qualquer fé; quero antes erigir um templo da razão para *Aquele* que, transfigurado por toda a controvérsia religiosa e sectária, tornou-se uma figura de zombaria para cientistas e observadores externos.

Todas as definições são convencionais – mas luz, som, calor são *forças* ou manifestações de uma força: defina a força...

Então, o que é *força*? Nada além do que a alma de qualquer produção fenomenal.

Mas a concepção desta *força única* não pode ser apreendida pelo intelecto humano. Para onde quer que nos voltemos, temos a intuição de uma miríade de *forças simples em um contínuo desdobramento e manifestação de fenômenos*.

A *Força Única* é a vida do Universo: as várias *forças* ativas de todas as manifestações são a vida das coisas, dos metais, dos minerais, do crescimento vegetal, dos homens e dos animais.

A *Força Única* em contínuo desdobramento de si mesma é Movimento; as forças simples são modos de ser do *movimento ou movimento central*.

Essa filosofia simples das coisas é tão antiga quanto as montanhas. Zoroastro venerava o Sol, assim como citei no início de *Il Mondo Secreto*. Pessoas sem conta dizem que Zoroastro venerava o maior planeta porque o adorava como o Deus visível; contudo, se estudássemos as mitologias do sagrado Oriente, esse conceito da *Força e Movimento Únicos* seriam encontrados em todas as religiões astronômicas da Antiguidade. O Sol, ☉, com sua forma circular, representa uma rotação rápida e, com seu *movimento aparente*, um *Movimento ininterrupto*. Onde quer que encontremos círculos, rodas e símbolos redondos (do simbolismo religioso dos antigos persas ao dos egípcios e dos pagãos aos católicos), podemos dizer que são a personificação do movimento central ou da vida do Universo, de que os fiéis estão sendo lembrados. O planisfério celeste dos antigos egípcios é similar às rodas da carruagem de Febo na mitologia pagã; a hóstia, que os católicos apresentam para a devoção dos fiéis, é o Sol de Zoroastro e do dr. Kremmerz, que a religião da igreja hospedeira conserva em um recipiente de prata e ouro com raios como os do Sol, que é cultuado pelos fiéis.

As manifestações da Força ou Movimento Únicos são forças específicas. Todas são *forças físicas ou naturais*, mas em geral separamos o físico do mecânico, do químico, do vegetal e do vital.

Acima de todas essas variedades e subespécies, colocamos a Força do pensamento e da vontade, a *psyche* ou *nous* dos gregos, a *neshamah* da Cabala hebraica, a *mens* dos latinos.

Nesse ponto, a *Força*, ou *Movimento Único*, se funde com um princípio de Razão Absoluta, que representa a razão dessa força única, que é a alma pensante desta vida ou alma física do Universo.

Em outras palavras, se F representa a Força Central Única, e F^1, F^2, F^3, F^4, e assim por diante, as forças específicas de diferentes manifestações, o mecanismo aproximado dessas evoluções e manifestações de F continua sendo uma hipótese aproximativa, porque quando ascendemos da vida dos minerais para a vida de seres de uma ordem superior percebemos que cada fenômeno de força e vontade é acompanhado por outro inexplicável conjunto, que na forma de *razão*, de *livre-arbítrio*, de *equilíbrio*, de *ideia* ou do *número* determina sua manifestação mais rápida ou mais lenta, de uma forma ou de outra.

Portanto, este F, ou Força Central Única, por si só é apenas hipoteticamente cego, mas, na prática, percebemos que é regido de forma contínua por uma lei, que é a expressão de sua razão e que determina suas funções. Uma vez que essa força F chegue ao nível de um homem razoável e evoluído, a psique, vontade ou livre-arbítrio desse homem pode alterá-la, ou melhor, pode estimulá-la para o bem ou para o mal, pode adaptá-la, até certo ponto, às suas necessidades de força vital, pode usá-la mal contra outros homens ou aumentá-la. Mas nos fenômenos de manifestação desse F na ordem geral, constante ou evolutiva da natureza (uma ou mais mentes humanas sendo incapazes de regulá-lo), devemos forçosamente supor que a Força Única F é, por si mesma, capaz de organização e pensamento, ou então que existe uma *mente* no enésimo poder da mente humana. A progressão da intuição expande a mente criativa e, onde lemos sobre o Deus que criou o homem, trata-se do Deus que o homem cria à imagem e progresso de sua própria mente para se manifestar em todas as coisas que estão além de seus poderes.

Assim, o Deus do homem ignorante é miserável, mesquinho e ignorante, enquanto o grande Deus de mentes avançadas e refinadas é maravilhoso. Passo a passo, conforme o homem progride, seus horizontes se tornam mais amplos; quanto mais perto ele chega do indefinível infinito, mais esplêndido lhe parece o desconhecido. Desconhecido que lhe escapa e se mostra maior à medida que a humanidade progride.

As religiões, que não evoluem no mesmo ritmo do progresso intelectual dos povos, estão condenadas a morrer ou a mudar; é por isso que a religião cristã se autodenominou católica ou universal, porque nunca deveria ficar na retaguarda dos desenvolvimentos intelectuais relacionados ao progresso científico dos fiéis; daí o feroz desacordo entre uma igreja que defende mal sua doutrina e pessoas que desejam saber mais e desprezam a inércia, que na alma dos povos é a negação do *movimento central* e sinônimo de morte e decomposição!

Vamos abordar as coisas de forma muito simples: o Deus que criamos para nós mesmos é uma maneira de atingir o limite de nossa mente em um grau muito superior a qualquer poder humano; no entanto, quando a criação de uma *mente soberana* é realizada em nós, nós mesmos nos tornamos o último passo na estrada da perfeição visível.

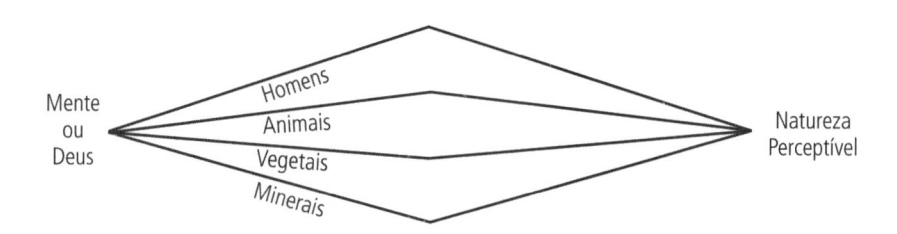

Mente ou Deus — Homens, Animais, Vegetais, Minerais — Natureza Perceptível

Mas vamos mais longe.

Dos minerais passamos aos vegetais; destes últimos aos animais; e deles para os homens. Mas há um longo caminho dos homens para a *Mente Única*, daí a origem de todas as teologias.

Se a força F fosse bruta, o Universo não teria uma ordem e um fundamento no contínuo desenvolvimento de todos os seus fenômenos naturais.

Se a força F fosse por si só razoável, então nem mesmo sua parte mais baixa poderia estar sujeita ao homem e à sua mente.

Então, separando

$$F \text{ (Força ou Movimento Únicos)}$$

de

$$M \text{ (Mente Governante Universal)}$$

o resultado é que

$$D \text{ (Conceito de Deus)} = M + F.$$

Assim, se M representa o estímulo governante, F tem de ser a resistência:
portanto,

$$M + F (F^1, F^2, F^3, F^4 \text{ etc.}) = \textit{Realização;} \text{ isto é,}$$

qualquer fenômeno de qualquer natureza e espécie, acima como abaixo, na matéria como no espírito, no visível como no invisível, no perceptível como no imperceptível, é produzido por um estímulo governante (M) e pela força única ou vida do Universo.

Nos fenômenos sobre-humanos, M representa a mente universal; em fenômenos produzidos pelo homem, M representa a mente do homem.

Vamos agora ao conflito entre religião e ciência.

A doutrina religiosa tem pretensões de definir Deus, ou melhor, de definir o indefinível, ou seja, de concretizar o que por sua própria natureza não pode se tornar concreto: a vida do Universo ou a Força e a

Mente que governam suas funções; e contra isso rebelam-se a ciência e a razão do animal racional.

Os cabalistas, aqueles que podem ler o significado oculto e misterioso na Cabala, não têm pretensões sequer a conceber a ideia de Deus: eles o entendem como o criador desconhecido e inconcebível de todos os fenômenos. A manifestação da *mente* e da *força* reside na produção dos fenômenos. É por isso que os magos do fogo, de Isaac a Abraão, acendiam uma pilha de lenha e, enquanto as labaredas subiam em direção ao céu e a madeira estalava, adoravam aquele que manifesta seu poder nas chamas que tudo consomem. É por isso que um obstetra, ao escutar o primeiro choro de um bebê recém-nascido, pode venerar a *força* e a *mente* que perpetuam a vida animal e humana de um ser feito à nossa própria imagem. É por isso que, quando um homem moribundo dá seu último suspiro, o experimentalista mais cético deve tirar o chapéu e reconhecer a Vida do Universo e da Mente, que deixam a carcaça humana para os vermes. Pela mesma razão, devemos nos curvar à beleza física das mulheres, que é o testamento da harmonia eterna da natureza.

Proposição 7 – A inteligência é a expressão mais precisa da intuição do Ser (Ente)

O que vou escrever agora é o nó górdio da concepção do Deus Único em magia. É por isso que recomendo ao pesquisador em filosofia oculta que não vá adiante se ainda não entendeu o processo de investigação da mente humana para o conhecimento da Causa de todas as Causas.

A *Força* é intuitiva, o *Movimento* é indefinível e a linguagem humana também falha ao tentar oferecer uma definição precisa de algo que todas as pessoas sentem em si mesmas e que nós, no estilo latino, chamamos de *Mente*.

Na gramática cotidiana, remanescente de uma gramática *ideal*,* o verbo ou palavra por excelência é o nome *essere*, "ser".** O *ens* latino é o ser (*l'ente*); e o latino *mens* é um composto da consoante *m*, indicando possessão (uma quase síncope de *meus*), precedendo o particípio indicando *ens* (ser), isto é, *Ser*, aquilo que existe, que é.

Investiguemos, portanto, o significado oculto das palavras; *ente* é a ideia absoluta do espírito universal de Deus, e *mente* (é a mesma palavra em português, "mente") é a palavra para a ideia relativa do espírito universal encarnado e contido no corpo humano.

Os cabalistas expressam este nome de Deus em quatro letras hebraicas:

YOD – HE – VAU – HE

que na magia e em fórmulas mágicas não formam um nome, mas correspondem ao *Tetragrama*, ou seja, uma "palavra de quatro letras" que encobre o nome do Deus Universal em vez de revelá-lo. Eles também o chamam "o Inefável", ou seja, aquele que não pode ser expresso por palavras. Mas se quiser determinar o espírito divino encarnado, você terá de usar cinco letras, ou melhor, o *pentagrama* mágico, que é simbolizado assim:

---

* Isto é, a gramática original de *ideias absolutas*.
** Em italiano, *essere* significa "ser" (verbo) e "ser" (substantivo). (N. do T.)

O pentagrama, como pode ser observado com facilidade, é a imagem do homem com braços e pernas estendidos. Corresponde à estrela de cinco pontas, que os magos que cultuaram Cristo viram brilhar nos céus. Esse símbolo representa o equilíbrio universal no homem: assim, os magos operacionais consideram este símbolo talismânico muito importante, apresentando indiscutíveis virtudes quando traçado por mestres, com os ritos adequados, no momento mais propício.

ENTE (ser)   MENTE
4 letras   5 letras

Inteligência é o esforço da *Mente* para conceber, assimilando suas virtudes, o *Ser* (*ente*) do qual se origina. *Intelligo* (latim) é quase *in te lego* (em ti leio), de onde vem *intellectus*, que os neoplatonistas usavam com frequência na harmoniosa língua italiana e que em Dante é usado exatamente neste sentido.

Então:

a) Deus não pode ser definido.
b) A descrição gráfica de Deus, feita pela Cabala, é um *tetragrama*, uma palavra de quatro letras, um *yod*, um *he*, um *vau* e um segundo *he*.

Yod – o princípio ativo de todas as coisas, fecundando.
He – o princípio de recepção passiva (gutural).
Vau – fecundação ativa e geração.
He – o princípio de recepção passiva.

Por conseguinte, o hebraico Jeová,* aquele Jeová de quem autoridades ignorantes acerca da filosofia sagrada tanto zombaram, não era

---

* Jeová é uma adaptação latina da vocalização hebraica do tetragrama YHWH. (N. do T.)

uma coisa definida para sacerdotes hebreus; era, ao contrário, um grande e verdadeiro Deus contendo todos os princípios de Força, Mente e Realização, como explicado na Proposição 6. As quatro letras expressam uma lei eterna.

O camponês que abre um buraco na terra, planta uma semente e, depois de transcorrida mais uma estação, colhe os frutos, realiza todas as quatro operações indicadas no tetragrama hebraico:

Yod – o princípio ativo, o camponês cavando o buraco.
He – a terra, ou elemento passivo, no qual é feito o buraco.
Vau – a semente frutífera.
He – a colheita.

Essa operação simples do camponês é semelhante à operação realizada pelo homem ao se reproduzir e é semelhante a qualquer ação que ocorre em todos os reinos da natureza.

Mas essa é a única concepção plástica da verdade do tetragrama hebraico; se ascendermos aos cumes da mais elevada e ideal filosofia, encontraremos a mesma lei imutável.

Esse nome cabalístico sagrado, que expressa de maneira perfeita a lei eterna da criação, pode ser *entendido* de modo diferente conforme o desenvolvimento psíquico dos que pensam nessa Unidade de Mente e Força. Logo vieram os nomes dos anjos, onde arcanjos ou inteligências mais elevadas não são mais do que raios desse poder central; assim, a religião católica ainda conserva os nomes de Miguel, Rafael e Gabriel, que são diferentes aspectos do centro luminoso eterno, ou melhor, são manifestações elevadas do poder universal de Jeová, o Grande Deus.

Escreva esses nomes em letras hebraicas; se você estudar com atenção a Cabala, perceberá que cada um deles é uma lei geral ou princípio divino.

Nem todas as pessoas encaram da mesma maneira esses poderes e inteligências. Cientistas que veem os cabalistas como crianças pequenas, com chapéus de abas e cabelos cacheados, estão prontos para dizer que eles são impostores; mas não calunie coisas e pessoas que nunca chegou a conhecer.

•—◆—•

Agora vamos fazer novamente a pergunta: *existe outro mundo de inteligências, de espíritos dos mortos e de criaturas invisíveis?*

Depois de tudo que dissemos, não pode haver dúvida quanto à resposta. Esse mundo, que é sugerido de uma forma dúbia, existe:

1. Porque existe uma Mente, cuja manifestação é a lei da natureza.
2. Porque *criar significa dar forma*, e o nada, a negação do ser, é inconcebível e inexistente.
3. Porque a mente humana, imagem da Mente Universal, segue a lei de todas as coisas que existem na natureza, liberta-se de tudo que lhe pesa e evolui buscando contato com a Mente Universal. Seria uma exceção se sua unidade, contra todas as leis, se desintegrasse e desaparecesse com a morte do corpo físico.

No ocultismo, ou melhor, na magia, a obra do mago é dupla: *primeiro, entrar em contato, por todos os meios possíveis* (sinais gráficos, visões, audição, intuição), *com o outro mundo; e, em segundo lugar, mover-se ativamente nesse mundo para obter reações e efeitos na vida real cotidiana.*

Nada disso é feito quando estamos dormindo, hipnotizados ou magnetizados; é feito em um estado de exaltação extranormal ao qual nenhum desses três estados corresponde; a sensibilidade da pessoa fica, na realidade, estimulada ao máximo.

Nas manifestações mediúnicas, o médium é passivo. Em operações mágicas, o mago é ativo e cada mago tem seu modo especial de operar e estimular sua sensibilidade – mas definitivamente sem empregar o sono.

Não se trata de auto-hipnose nem de êxtase religioso: a linguagem moderna não possui uma palavra que expresse esse estado. O operador entra em um êxtase particular onde não apenas sofre as manifestações, mas as governa, dando-lhes força.

O homem tem de lutar com todas as suas forças para integrar os poderes e virtudes de sua personalidade latente, sonolenta e distraída, diante da nova personalidade que lhe é imposta pela sociedade em que vive.

Ele não deve ser místico por excesso de espiritualidade ou embrutecido pela preponderância do que há de mais grosseiro em sua conduta. Assim, evoluindo devagar, ele entra na esfera da *mag*: um estado do ser que não pode ser compreendido por aqueles que não o experimentam.

Mag é poder do transe ativo; não sei como explicar de maneira mais clara algo que muitos poucos podem entender: é o estado do transe automático, volitivo, uma sombra, em todas as suas manifestações e concretizações.

A magia contempla o grande todo na síntese de uma enorme unidade que é o Universo. O Universo, sendo uma incomensurável unidade x, é igual em funções (ou melhor, é igual por analogia) a qualquer unidade organizada de uma ordem inferior: como o corpo humano, por exemplo.

O corpo humano, considerado uma síntese, é uma unidade orgânica cujas partes são os membros, as vísceras, os apêndices de todos os tipos, assim como cada membro, cada apêndice, considerado como uma unidade, é formado por músculos, sangue, células e assim por diante. Qualquer movimento de um músculo ou membro está relacionado à unidade orgânica do corpo humano. Pedimos que um homem se levante; pedimos que levante um pé, apoiando-se no outro: toda a unidade orgânica do corpo sentirá o esforço e o efeito – e o mesmo se aplica a qualquer movimento ou sensação.

Vamos considerar a unidade do Universo por analogia. Os membros, as vísceras, os apêndices deste monstro, que não podem ser contidos em sua síntese, são as estrelas, os planetas, o Sol, a Lua e assim por diante. Qualquer movimento de uma dessas partes da unidade está relacionado a todo o resto, o que podemos ver e perceber, da mesma forma como os membros humanos estão relacionados à unidade do corpo físico. Ninguém no mundo negará que o Sol, nascendo no leste, faz sentir seu efeito benéfico em toda a Terra que ele ilumina; ou que a órbita aparente do Sol marca a passagem das estações; ou que certos signos do zodíaco trazem chuva ou tempo bom.

Podemos objetar que, na unidade humana, a vontade não está sujeita a qualquer lei fixa na direção dos movimentos de suas partes, enquanto o Universo está sujeito a leis matemáticas no movimento de todos os seus planetas, tanto que mesmo as órbitas dos mais longínquos cometas são estabelecidas e medidas por nossos astrônomos. Mas isso não é verdade.

Porque no corpo humano (microcosmo), assim como no Universo (macrocosmo), observamos uma idêntica analogia entre as leis fixas de movimentos pré-determinados e movimentos acidentais de qualquer espécie.

Por exemplo, as leis fixas:

No homem – a circulação do sangue, nutrição por meio da ingestão, renovação constante de tecidos orgânicos.
No Universo – o movimento dos planetas, a rotação de nosso planeta, o movimento das estrelas em direção aos principais aglomerados e o movimento de ocasionais satélites.

Movimentos fortuitos:

No homem – qualquer movimento voluntário ou involuntário de um órgão.
No Universo – variações térmicas, fluxo atmosférico, meteoros.

Os astrônomos podem tentar, por meio de pesquisas meteorológicas, estabelecer aproximações ou probabilidades, mas até agora ninguém descreveu ou determinou a lei constante que rege as origens e a trajetória de ciclones, tempestades, furacões, altas e baixas de temperatura, ventos não predominantes e assim por diante.

Se, no entanto, relacionarmos as duas unidades, *macrocosmo* e *microcosmo*, o homem e o Universo, é lógico, estritamente científico, *embora nem sempre perceptível*, que qualquer movimento em qualquer parte da Criação influencia a outra parte e altera suas condições.

Vivemos na Terra e não precisamos recorrer a Sirius ou ao movimento dos satélites de Júpiter para reconhecer ou experimentar alguns efeitos visíveis; os movimentos de translação e rotação da Terra, a eclíptica solar e os movimentos da Lua bastam para confirmar as alterações mais evidentes que nos influenciam. Tais elementos são suficientes para estabelecer que a influência planetária dos antigos astrólogos corresponde, sem a menor dúvida, à *ação benéfica ou maléfica dos planetas* em nossa natureza terrestre. É tudo uma questão de simplificar a forma antiga e buscar a verdade na expressão mais simples dos astrólogos.

O Sol em Capricórnio tem uma influência maléfica.

Só um idiota poderia achar graça nisso. O Sol em Capricórnio é o signo do dezembro frio, desolado, congelante: a lenha do *yule*,[*] cercada

---

[*] No hemisfério norte, época de inverno, quando são celebradas as festas "pagãs" no final do ano e é comemorado o Natal cristão. (N. do T.)

de gelo, o lobo faminto que sai do seu covil na montanha em busca da presa, e o inverno, inimigo dos pobres, que avança; no frio, o gelo, o vendaval do norte. Então o Sol vira de novo uma criança pequena na eclíptica do ano e, para a Igreja Católica, no vigésimo quinto dia de dezembro, nasce o Menino Jesus. O Menino Jesus, como o Sol, que sobe aos céus no signo de Áries, na Páscoa, quando o Sol volta a despertar a primavera na Terra.

Agora, como nos casos evidentes de passagem das estações no ano astronômico, a influência do movimento evidente do Sol e o crescente e minguante da Lua têm um efeito mais definido e real do que em geral se acredita, às vezes exagerado, outras vezes minimizado, em todos os três reinos da natureza. Com certeza, não preciso lembrar que o crescente e minguante da Lua têm uma influência evidente sobre os caranguejos, as ostras, a fecundação de peixes e moluscos; nem que, no campo, algumas fases da Lua são consideradas impróprias para a poda; nem que certas febres parecem assumir as características das fases da Lua em uma única semana; nem que há uma relação, provada em termos experimentais por Palmieri e seus colaboradores, entre o crescente e o minguante da Lua e as fases eruptivas dos vulcões; mas se aparecesse um gênio que revelasse ao mundo as leis que governam a relação entre as fases da Lua e os centros nervosos do corpo humano, haveria uma grande revolução na ciência experimental e encontraríamos a razão por trás de certas epidemias nervosas, em geral atribuídas às circunstâncias da época, e a razão por trás de muitos mistérios na cura de doenças comuns, que em um período planetário assumem uma forma benigna ou uma tendência maligna, enquanto desaparecem em outro período.

Dito isso, por uma questão de clareza, aconselho os iniciantes a escolher com cuidado o período em que vão começar seu trabalho.

Aconselho o período da lua crescente e, principalmente, as lunações em novembro e dezembro ou, melhor ainda, os dois signos de

Escorpião e Capricórnio, para tentar as primeiras operações sob Áries (abril) e as mais difíceis em Virgem,* alcançando o equilíbrio em Libra.

Com a mente serena, vamos dirigir nossas aspirações para o alto.

1. Cultive sua própria mente para que ela possa, depois de ter se elevado, primeiro perceber e logo conhecer as leis de nossa própria natureza física e espiritual.
2. Trabalhe em direção à perfeição em si mesmo para que a natureza animal, enquanto ainda estamos vivos na Terra, seja conquistada pela supremacia espiritual.
3. Entre em contato com os seres invisíveis ao seu redor, domine o mau e o inferior e aprenda com o mais perfeito, para se aproximar da verdade suprema.

---

* "Tu bem sabes, meu filho, que és o filho de Virgo (Virgem), e se Virgem tu violas, matas a semente do teu povo, te tornas um parricida incestuoso e assim teu cérebro queimará: mas se podes imaginar Mercúrio com Virgem, a Gloriosa, pondo a lua crescente sob seus pés, tu, por tua vez te tornarás o pai de semideuses. Pois se podes unir, com o antigo fio de Ariadne, a água de Órion e a lua branca de Mercúrio e Virgem, e se podes te esquivar do fogo de Marte, teus olhos terão visões até então nunca vistas e colherás milagres com a foice da Lua virada para a Terra. Então, se me reconheces como o pai deles, deves conseguir arrancar o segredo de mim, afastando a bengala de tua incitação da vara de Moisés e Aarão, que é minha vara, e te mantendo inteiro, se não quiseres que eu te destrua por minha generosidade. Aqui verás o segredo de Saturno, que é o presente de vida e morte, de amor, de geração e abundância, e não deves esquecer que em Virgem tu, usando os métodos de nossa arte, deves preparar a *vara [la verga]*, como teu mestre te ensina, sem nó e cortada de forma limpa com a foice na forma de um consagrado crescente; sem a vara de Virgem [*verga di virgine*], não poderás te tornar um mago; não deves me entender mal ou semearás teu mercúrio na areia, nem esperes que eu escreva com maior clareza; deves pedir ao teu guia a inteligência disto." – Do meu livro, *Delle Stelle e dei Soli*.

4. Penetre nas leis que governam cada realização terrena e não deixe de usá-las no momento certo – para ajudar seus semelhantes.
5. Prepare o progresso espiritual da humanidade com todas as suas forças, porque à medida que a espiritualidade das pessoas progride, a civilização avança, pois civilização significa concretização da espiritualidade das multidões.
6. Fortaleça os laços de fraternidade entre os homens e, resolvendo o problema das almas, resolva o problema social dos povos.

Esse é o credo científico e humanitário do ocultismo, mas não é um programa para uma vida, e sim para séculos; é o programa do sacerdócio da ciência. Um homem modesto de boa vontade, uma pequena engrenagem na grande roda da humanidade, faz o pouco que pode com toda a humildade, e começará a compreender aquela parte do grande ideal que julga mais compatível com seu caráter.

●—◆—●

Todo organismo fluídico e todo espírito que vive no homem, feito de carne, cartilagem e ossos, tem limites para seu desenvolvimento; assim como qualquer corpo, encarado em termos físicos, tem limites para sua ação no mundo perceptível.

Vou explicar dando um exemplo: todos os homens fisicamente aptos podem levar à frente sua vida humana, mas um pode se tornar um atleta com os dons de Milo de Crotona e outro, mesmo que conte com toda a disposição do mundo, não consegue erguer uma barra de ferro de 45 quilos. Isso mostra que um indivíduo, estudado do ponto de vista físico e intelectual, entra no mundo físico com qualidades peculiares à sua personificação. Está representado aqui o que é chamado o *destino* de um homem.

Recomendo que meus leitores mais cultos estudem esse problema com mais profundidade para encará-lo de forma mais precisa, pois não há nada que dissipe tantas ilusões quanto essa consideração do homem em sua realidade física e intelectual.

Temos de distinguir todos os fatores que fazem parte da formação de um homem que atua na comédia humana:

a) *Hereditariedade física* (uma das conquistas da ciência moderna, mas que os antigos não deixavam de conhecer e estudar; foi conquista de uma verdade que nunca mais será modificada, simplesmente porque é uma verdade).

b) *Circunstâncias climáticas e astrológicas* (a ciência oficial não admite qualquer influência do momento do nascimento no subsequente curso da vida física do indivíduo, mas logo perceberá que tem de levar em consideração a influência desses momentos nas pessoas, da mesma forma como a filosofia zoológica teve de aceitar como necessária a influência do clima nas raças).

c) *Educação humana* (a educação na infância e juventude é um processo contínuo de sugestão que começa na tenra idade e termina quando o jovem, amadurecido para a vida, tornou-se uma máquina inconsciente como resultado da educação que recebeu; Jesus de Nazaré disse: "Nunca bata numa criança, porque bater, mesmo com uma flor, deixa uma impressão profunda no frágil espírito encarnado"; a criança é como uma terra não cultivada onde tanto boas sementes quanto ervas daninhas podem ser semeadas e dar frutos).

d) *Vontade ou força volitiva* (que é uma emanação do poder intelectivo individual modificado pelo ambiente humano em que o indivíduo cresce e age).

e) *A resistência do meio ambiente à vontade do indivíduo* (que sempre existe na sociedade como fator muito influente, que o indivíduo supera através da lei de adaptabilidade).
f) *Perseverança da atividade volitiva* (que é uma modificação do ambiente graças à tenacidade da força de vontade do agente individual).
g) *A inteligência ou espírito de luz intelectual* (que é sempre entravado ou alterado em alguns aspectos pela ação dos seis elementos anteriores).

É necessário educar e reconstruir sua consciência, despojando-a de qualquer influência à qual seja subserviente – antigas superstições, contextos, hábitos, visões enganosas, imitação servil de modelos estabelecidos.

A chave mestra para a meta educativa de nossa personalidade há de ser encontrada nesta purificação da consciência das brumas das convenções humanas. Só então o noviciado hermético começa a produzir seus frutos – é quando a consciência está livre para perceber uma dupla corrente:

1. A corrente sensorial, ou psíquica, que vem da periferia.
2. A corrente instintiva, que começa a remover as tendências do homem antigo que está em nós.

"Conhece a ti mesmo" é precisamente a iniciação à luz, a purificação de tudo que é artificial ou "criado pela metade", e que a ignorância social humana nos impingiu. O ser humano tem em si mesmo uma profundidade insondável, onde (seguindo o raciocínio materialista) todas as impressões, formas e ideias que podem ser esquecidas por nossa consciência são registradas desde o nascimento.

Existe em nós uma parte antiga e outra muito moderna. Essa parte antiga (homem histórico) é a espinha dorsal, o centro do homem superficialmente visível, raciocinando com uma consciência formada por sensações e pela adaptação de sua mentalidade ao ambiente em que ele opera.

O inconsciente, o subconsciente, o subliminar pertencem àquele campo astral (astral = preto, sem luz) que está em nós, a partir do qual brotam, vez por outra, muitas desordens e as mais inconcebíveis maravilhas: o clarão do gênio e o paroxismo da loucura.

Identifique esse campo como um núcleo, uma entidade, uma pessoa e você vai encontrar uma unidade histórica de seu espírito ao longo de todas as suas vidas passadas. A palavra científica para este indivíduo histórico, que é nossa alma solar envolta em uma nuvem de névoa negra, ainda não foi inventada, porque a personalidade histórica em nós não é apenas alma, espírito ou puro sopro, mas toda uma atividade especial, que chega à nossa consciência como gente viva e gente vegetando, como chega o ponto para os atores de uma comédia nos momentos mais críticos de esquecimento e impotência.

Na simbologia simples dos cabalistas, o triângulo equilátero (A) é a vida aparente, consciente, visível e perceptível, o homem que vive na plena consciência da razão externa, o homem que mantém a cabeça alta, acima do nível da terra (A'). Se o triângulo estiver de cabeça para baixo (B), como uma cunha cravada na terra, bem abaixo da superfície da terra (A''), ele representa a misteriosa vida oculta na insondável escuridão da morte do homem, o homem vital em seu inconsciente, o campo astral enevoado, escuro e profundo, que não pertence à vida exterior, visível:

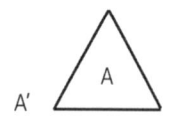

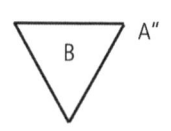

O triângulo duplo, ou seja, a penetração dos dois (C), de modo que o nível (A''') é fixado na interseção central dos lados dos triângulos, é o mago, um homem integrado entre uma consciência externa aparente (triângulo na vertical) e a parte oculta de sua consciência (triângulo invertido), que fica no lugar do Deus oculto, com todos os seus poderes.

O inconsciente e suas intenções se manifestam por meio de ações espontâneas, que brotam sem controle consciente e volitivo. Freud usa as duas palavras *interferência* e *intenção*: atribui, portanto, a esta área interna, que se revela por meio de deslizes e surpresas, intenções que são ações volitivas e que dá ao inconsciente (campo astral) não só a capacidade de reter imagens e impressões, mas também um poder *eônico*, ou seja, uma personalidade capaz de conceber os mesmos atos da nossa personalidade consciente.

Essa conclusão não é de Freud, mas minha; do ponto de vista da filosofia mágica, a consideração de poderes impressionantes, de uma segunda personalidade completa, representa a pedra no caminho de todas as filosofias.

O homem interior é o pai (*qui es, eris, fuisti* [quem você é, deve ser, foi]).

O homem consciente, o inibidor: que por meio de sua educação, das ideias nele incutidas, do meio em que vive e de seu respeito pelas leis civis, morais, penais e religiosas, suprime qualquer manifestação da personalidade histórica, assim que essa personalidade diverge da vida em conformidade com as reações do caráter externo e consciente.

Esse obstáculo censor, seja ele preexistente ou recente, é uma enorme ponte que desvia o homem comum das tentativas com experimentos mágicos, já que o obstáculo não é apenas espiritual, no sentido comum da palavra, mas tem influência sobre toda a vida psíquica e mental, influenciando o sucesso na vida prática ao funcionar como um poder inibidor do raciocínio, às vezes instintivo, marcado com mais frequência pela sentimentalidade, com uma centena de faces diferentes e de origem imitativa.

Só levo em conta essa teoria de Freud no que diz respeito à psicologia dos pesquisadores de magia e dos praticantes das ordens ou irmandades de Ísis, e tenho de separar os conceitos psicanalíticos dos outros elementos de nossa prática, mesmo admitindo que a psicanálise invade o campo de nossa filosofia e leva elementos dela para o campo científico.

Fui, sum, ero [eu fui, eu sou, eu devo ser].

Se, quando você se encontra na beira do profundo abismo astral, perguntar quem é Deus, a Voz responder:

Eu sou aquele que era, é e sempre será. A morte não me alterou, assim como as cinzas dispersas do que foi o meu cadáver não reduziram o poder do meu ser.

Um velho iniciado perguntou à voz que lhe disse a verdade: "Quem és tu?"

E a resposta, dada como ensinava a matemática pitagórica, pode ser traduzida assim:

> "Estou em ti e por ti. Não sou tu (isto é, tua mente). Tu oraste, isto é, na forma de orações fecundaste o amado invisível. Eu, a voz que te fala, sou o fruto de teu ato, sou o Mercúrio de teu intelecto."

Osíris age sobre Ísis, Hórus nasce. Três é o ternário, é Mercúrio, é o fruto, o produto do primeiro binário.

O primeiro problema com que se defronta o iniciado para seu conhecimento integral é perguntar à sua luz hermética, cuja fonte homem algum conhece: "Quem és tu que te manifestas trazendo-me a verdade?"

Alguns dizem: "Sou eu, minha criatividade" (*ingenuity, in-genius*, o gênio em mim).

Alguns dizem: "É um anjo" (*angelus* = mensageiro).

Alguns dizem: "É um demônio ou um deus".

Se ele não entende a lei expressa com tanta simplicidade na Cabala, jamais há de entendê-la – como os inspirados místicos de todo tipo de formas religiosas.

Bem, essa voz, de natureza essencialmente hermética, deve responder:

Eu não sou tu, mas não sou um estranho para ti.

Estou em ti para o teu bem, e não sou tu.

O sábio desconhecido está se aproximando.

Hermes é o nome grego do Mercúrio latino. Nebo, Hermes, Mercúrio, Lúcifer, Espírito Santo são sinônimos para a mesma condição da inteligência humana, cujas leis secretas ainda são proibidas aos homens. É a inteligência, que é transformada de luz em força e produz as formas de magia que tendem a ser objetivas, do magnetismo à projeção de forças psíquicas, às diferentes formas de mediunidade e de uma ponta à outra desses fenômenos onde vigia uma inteligência incompreensível, inteligência essa que uma pessoa considera o espírito dos mortos, outra um demônio e uma terceira um anjo.

O mais importante é que Hermes se manifeste, pois a Luz de Hermes levará você à integração, porque começará a ver os mundos exterior e interior de um modo diferente e a partir de um sentimento diferente dos experimentados ontem.

Hermes deve nos levar a uma compreensão do movimento mental fora de qualquer lugar, superfície ou ponto.

Através da análise de sua mente ou movimento mental em um espaço sem dimensões, o homem pode se unir ao movimento da mente universal – que deve preencher o mesmo espaço – e cujos pensamentos e conhecimentos poderá aproveitar.

Se você conceber o espaço sem dimensões do movimento mental e o movimento fora de qualquer local, o tempo, nas operações da mente, não existe.

A mente humana (se penetrarmos hermeticamente nesta função) identifica-se com uma mente universal fora do tempo, extraindo dela uma virtude que se transforma em poderes miraculosos, embora só sejam milagres para as multidões que ignoram a lei universal.

—•—❖—•—

O exame padrão dos elementos que constituem o homem, o trio inteligência, *corpo físico* e *corpo sideral ou astral* (ou *perispírito*), é sintético, mas o exame tem de ir além para que todos que são seguidores do espiritismo elementar possam compreender, por meio da simples luz da razão, que os três termos:

Espírito
Perispírito } estão harmoniosamente relacionados uns com os outros.
Corpo físico

Harmonia é a proporção correta da relatividade entre os elementos trinitários constituindo a síntese que é o *homem*: na realidade, *assim como a circunferência é proporcional ao raio*, assim como o conteúdo é proporcional ao recipiente, o perispírito não está relacionado, mas *se harmoniza* com o corpo físico e com o espírito. Porque entre o corpo físico, o corpo astral e o espírito só existe *harmonia*, uma proporção constante ainda que variada na reciprocidade dos termos, como na música, onde a harmonia e o som são obtidos por meio dos vários componentes do som geral, cada um dos quais é às vezes predominante, às vezes silencioso. A música é a mais exata expressão da harmonia dos três elementos que constituem o homem; a harmonia dos sons é a expressão, estabelecida como lei, de sua reciprocidade.

Pode-se observar, na prática, que a necessidade de o homem se adaptar ao ambiente em que vive vai desenvolver, em maior ou menor proporção, seu espírito, seu perispírito e seu corpo físico. Em uma sociedade de gladiadores, o corpo físico predomina; em uma sociedade de intelectuais, domina o espírito; e o corpo sideral representa o elo entre um e outro, seguindo de alguma forma, em seu desenvolvimento, a lei de compressão de corpos resilientes que absorvem o choque de uma colisão entre duas forças opostas. De outro ponto de vista, ele adquire as propriedades de extensão dos corpos elásticos que, embora permitindo o distanciamento entre dois fatores extremos (como espírito e matéria), preservam o poder de reuni-los assim que voltam ao estado de inércia.

A análise das funções do corpo sideral ou astral é longa, difícil e, para entender toda a sua essência, temos de estar muito avançados na produção dos fenômenos de magia natural e no desenvolvimento de nossa astralidade. Cito o caso das materializações: mesmo as pessoas que dedicaram uma grande atenção ao estudo das *materializações* realizadas através de médiuns repetem um *lugar comum* da filosofia espírita: que cada materialização é uma exteriorização do corpo astral; na verdade, não é assim, porque não há *materialização sem a contribuição tanto do espírito quanto do corpo físico, e só a projeção para fora diz respeito ao perispírito*.

Estou ciente de que esta declaração perturba todas as ideias recebidas de muitos espíritas, *mas é o que ocorre* na prática da magia natural; se não fosse assim as aparições materializadas não removeriam peso e força dos médiuns catalépticos, nem eles, ao despertar, se sentiriam cansados, com o corpo físico exausto, sentindo a necessidade de recuperar as forças perdidas. Nos feitiços de magia negra (encantamentos, feitiços malignos, atos de bruxaria), uma parte do perispírito não é expelida do corpo para ser ligada aos objetos envolvidos, mas o sentimento de amor ou ódio é materializado através da exteriorização e fixação do magnetismo no corpo físico, sob a ação do espírito sobre o corpo sideral, que no mago, através da ação masculina do intelecto inspirador, opera como um elemento feminino na realização da concepção ativa e da nutrição plástica do fato concreto. É por isso que a antigas escolas de magia usavam a palavra *andrógino* para indicar que, em cada operação mágica, havia um verdadeiro processo de *incubação* generativa, cujo mecanismo é percebido através da prática. Na terceira parte deste trabalho, estaremos em condições de estudar esse ponto de maneira profunda ao examinarmos as doutrinas conhecidas até agora sobre a polaridade das fluidificações.

Voltando a nosso procedimento da análise do homem, temos de perceber a cada dia que o objetivo instintivo ou fatal do homem é corrigido pela *necessidade* – assim como um projétil ou uma bala disparada de uma arma é desviada ou detida em sua trajetória por um obstáculo.

O homem que está livre de si mesmo age de acordo com a ação inteligente primordial que o colocou entre os vivos; a necessidade que se opõe a ele é o ambiente físico e moral em que sua vida humana se desenrola. A necessidade de adaptar-se ao ambiente, ou meios de existência, desenvolve as *faculdades* de um dos três fatores mais do que dos outros dois.

Em consequência, essa resistência do ambiente à atividade que o indivíduo desenvolve conforme sua natureza deve ser considerada com seriedade na análise, especificando-a nos fatores que agem sobre a totalidade da constituição trinitária do indivíduo.

Então, se chamamos:

A, o espírito;
B, o perispírito;
C, o corpo físico;

podemos montar uma equação:

$$A + B + C = a + b + c + d + e + f = Homem$$

Embora a constituição absoluta do indivíduo seja A + B + C, na prática seu poder de realização é relativo a todos os fatores $a + b + c + d + e + f$, que estudamos como coeficientes da força da vida.

Dois homens, nascidos do mesmo pai e da mesma mãe (fator a), no mesmo mês e no mesmo país (fator b), variam em sua educação humana (fator c): um pode desenvolver mais o físico, o outro o intelecto; um pode não ter desenvolvido sua vontade em um ambiente que é continuamente hostil, o outro pode ser tão forte e poderoso a ponto de modificar o ambiente de acordo com sua vontade (fatores d, e, f); um emprega sua atividade inteligente de uma maneira, o outro a emprega de outra maneira.

●—❖—●

Há, no entanto, um elemento terrível que atua na mente de todo homem e é o sonho fantástico de cada um; tem uma natureza semelhante à de um fantástico orgulho: o presunçoso anseia pelas grandes honras, o libidinoso por subjugar toda mulher bonita a seu poderoso orgulho masculino, o avarento cobiça dinheiro. Só o iluminado procura a verdade, e apenas ela; acima de todas as honras, das mulheres e da riqueza material.

Se você fizer uso da lei, terá tudo, mas não deseje tudo passando por cima da lei ou vergando a lei para fazê-la servir a seus próprios fins; se fizer isso, além de não alcançar seu objetivo, colocará o inferno todo ao seu redor ao desejar coisas que a justiça dos deuses negará a você.

A magia divina leva em conta *uma* verdade, *uma* luz, *um* Deus, *uma* matéria, *um* Universo, *uma* força.

A maneira de perceber esta *Força Inteligente Única* deve ser a mesma para todos os iniciados, pois é única em sua essência sintética de ser, única em sua percepção e, quando um iniciado estuda e progride em Nápoles, ele deve sentir e ver esta *verdade única* e suas leis da mesma maneira daquele que estuda e progride em Copenhague, Melbourne ou Lima.

Essa unidade de visão a respeito do Deus oculto e suas leis forma a fraternidade universal de iniciados e leva à unidade de todas as religiões clássicas, da mais antiga à mais recente.

A unidade de todas as verdades na *verdade única* inevitavelmente leva a ciência profana a descobrir a real verdade das coisas e a formar a teocracia de cientistas.

Os iniciados de todo o mundo são irmãos, porque todos eles percebem a verdade do mesmo modo e com as mesmas leis: quando dois deles se encontram, um reconhece o outro, porque um compreende o outro.

A mesma coisa não acontece com os médiuns do espiritismo ou com os videntes de movimentos religiosos cismáticos; cada um deles vê e ouve aquele *particular espírito das coisas, que não é o espírito universal de Deus.*

Apolo falava da mesma maneira em todos os seus oráculos e a fábula grega de Apolo derrotando a serpente Píton é uma lenda mágica porque o ☉ centro de luz (Apolo) dominou o espírito do lodo terrestre, que é a Serpente Astral da magia e que corresponde à serpente que a estatuária católica coloca, enrolada nos chifres da Lua, aos pés da Virgem Maria.

Para os magos, a serpente Píton é aquilo que devemos dominar; para os espíritas, por outro lado, é aquilo que eles devem ouvir. Se nos abandonamos às espirais da serpente, tornamo-nos profetas do astral, sujeitos a todas as ilusões paranormais; somos apanhados no vórtice giratório de todas as impressões, de todas as imagens que constituem o cinema da alma da Terra.

Nesse vórtice, nessa corrente de baixo sopro terrestre, tudo é misturado com lodo. O espiritismo joga com isso. Suas comunicações são apenas a *aura* dos momentos em que os espíritos escrevem e se manifestam, e podemos até encontrar espíritos desencarnados que usam linguagem científica, como os da Salpêtrière, ao falar sobre a verdade e o rigor científico.

A Magia dos magos, como no emblema de Cagliostro, uma serpente trespassada por uma flecha, aponta para o Sol ☉ passando sobre o dragão, aquele dragão horrível que é o terrível guardião da Verdade Real. As lendas de Jasão, Belerofonte, Perseu, Teseu são diferentes fábulas sobre a mesma conquista da verdade. As batalhas fantásticas nas mitologias nórdicas entre cavaleiros e dragões, entre bondosos e valentes defensores da verdade e monstros que arrotavam fogo e engoliam gente, não passam de representações semelhantes dessa mesma verdade.

Você nunca será um iniciado se continuar a brincar com sua serpente astral, que é terrena em todas as suas manifestações, mesmo na linguagem que, em comunicações espirituais vazias e acadêmicas, revela a forma gramatical humana, expressão das *ideias familiares da terra e seus filhos*.

●—❖—●

Caro leitor, neste ponto vou tocar em uma questão de filosofia divina, acerca da qual aqueles que a conhecem não podem dizer tudo e sobre a qual aqueles que não a conhecem, mas pensam sobre ela, continuam confusos. *A linguagem da verdade é humana? Ou ela pode ser traduzida rapidamente para a linguagem humana?*

A linguagem que os espíritos usam para conversar com os médiuns é a linguagem dos espíritos?

Se, ao contrário, for uma tradução psíquica feita pelos médiuns, será que é uma tradução fiel e uniforme das ideias dos espíritos?

Na magia, a linguagem das causas é um elemento reservado aos mestres. A *ideografia divina* é a chave de todo simbolismo religioso e é o segredo de talismãs, de hieróglifos sagrados, de livros ocultistas. Essa chave é recebida do invisível por meio de uma comunicação contínua de nosso ego com o mundo das causas, que começa assim que morre a terrível serpente, trespassada pela força de vontade do iniciado. Você receberá a chave de São Pedro, o apóstolo, no portão do paraíso místico, se for cristão; ou Ísis, esticando sua mão branca e elegante, deixará que a toque se você preferir entrar no jardim egípcio: seja como for, só então terá um conhecimento completo dos sinais e do poder dos personagens tanto na magia divina quanto na natural, e só quando sua virtude fizer de você merecedor saberá como usá-los e a que eles correspondem.

Por ora, essas poucas palavras deverão ser suficientes para alertar os médiuns de que eles nunca mais ouvirão a linguagem de Deus se continuarem dando ouvidos, dia após dia, ao canto sedutor das criaturas da serpente – eles nunca irão além do mundo conhecido.

Eu disse: *não dê ouvidos a nenhuma comunicação; você pode interpretar apenas sonhos lúcidos, e nunca de modo literal.*

A este respeito, acho que já disse claramente que a serpente fala a linguagem dos homens, e que Deus usa a linguagem de Deus.

Há duas espécies de operações no universo da magia: uma implica comunicação com a alma do Universo; a outra determina a dominação da serpente astral ou alma da terra.

As operações do primeiro tipo colocam o homem (aquele que, pelo trabalho, inicia a si próprio) em relação com o Espírito Universal. Aquele que começa é, como todos os homens, como todas as coisas, imbuído da aura terrestre, encharcado por ela. Não sabe – já que não conhece coisas concretas – sequer como forjar sua vontade de passar pelo vórtice e penetrar no mundo das causas. As primeiras operações dão a ele duas coisas: o estímulo para buscar o novo éter e a energia para ser bem-sucedido.

Quando a operação tem essa regra, ou ideal mágico, não é mais uma prática religiosa porque, *mesmo que os iniciantes a realizem somente pela fé, ela é apenas um cálculo de filosofia transcendental*; em consequência disso é essencialmente científica, e não é indigna de qualquer doutor.

Aqueles que começam bem, logo terão vislumbres da luz divina, não porque os anjos descerão do céu e resgatarão o iniciante da corrente terrestre, mas porque o espírito de Deus, que está nele, pouco a pouco o libertará de todos os grilhões terrestres, até que se torne um profeta. À medida que progride e ascende, ele entra em comunicação com o espírito do mestre que, além da barreira do Dragão, espera por quem chega lá e entra em relação direta com seus espíritos.

Aqueles que acham que estão preparados para o julgamento não devem e não podem subestimar um ideal tão elevado, incluído em uma prática que é científica, isto é, sensata, e não superstição cega.

Uma *prece* é um ato de fluidificação concreta da própria vontade. Formular uma ideia e desejar sua realização é uma prece. Mesmo sem precisar de livros de oração, meus leitores devem ter em conta que, se aspiram à ascensão espiritual, suas ideias têm de estar formuladas com muita clareza em suas mentes – para que os resultados não demorem a chegar. As ideias formuladas com clareza atravessam a aura astral da Terra e serão recolhidas por um servo guardião que está ao lado do trono do Sol, a quem, no início deste livro, dirigi a seguinte prece:

> *Oh Sol*, tu que varres as trevas da grande noite de apaixonados fantasmas, dos espectros dos desejos mais descontrolados, das orgulhosas criações da arrogância humana, ilumina a ignorância daquele que, purgado das influências da volúpia das coisas temporais, está sedento pelas verdades eternas – e deixa o idólatra da Besta, preso à vanglória da ignorância, sentir teu raio divino e preparar-se para o advento de Cristo.

Esse Sol, a que na época me dirigi, é o Sol para o qual todos os operadores devem se voltar: quer o chamemos de Sol, *Deus, Universo, Força Única, Primeiro Princípio, Tetragrammaton* ou *Reino Universal*, é o reino da Luz que invocamos e ao qual nos dirigimos.

O Espírito Santo, a pomba mensageira de luz, é o raio do Sol brilhando em nossa alma. Essa alma, ao se transformar em uma pomba, pode fazer um casamento além dos limites das ações conhecidas.

Aconselho todos os homens e mulheres inconstantes a continuar brincando com as regras do espiritismo e a nunca se voltarem para as operações concretas em magia, pois se fizerem isso poderão correr um grande risco.

Vou explicar o risco do ponto de vista teórico: a iniciação à magia é combate com o dragão da corrente astral. Como em todas as lutas, podemos ganhar ou perder – mas, nessa luta, a pessoa ou ganha ou morre.

Enquanto você viver a vida comum, a Serpente irá protegê-lo e dormir, mas assim que você tentar ir além de seus limites, a Serpente acorda, dá um silvo agudo e começa a apertá-lo para que você se contenha. Homens e mulheres de fé obstinada a derrotam; os loucos que a provocam, sem força e sem vontade, acabam sendo comidos, *porque em toda magia, a interrupção de uma operação antes de sua conclusão provoca uma reação terrível, cujo efeito é exatamente o oposto daquilo que o operador almeja.*

Todas as operações de magia têm duas fases, uma de reação e outra de ação: a primeira fase é negativa e a segunda é positiva. O novato, vendo ocorrer o efeito contrário, quase sempre detém-se, assustado, e há uma completa desordem. Através, no entanto, da resistência, insistência e coerção, os esforços do operador são recompensados por resultados positivos. O túmulo de todos os ideais é a falta de persistência, e tenho visto exemplos terríveis e assustadores disso.

Não tente a iniciação com o coração leve ou com a insensatez do chamado senso comum. Na magia, é preciso avançar com plena disposição, sem se deter no meio do caminho. Aqueles que caem, mesmo que tornem a encontrar seu mestre, terão de começar de novo desde o início, mas se não tornarem a encontrar o mestre, a única coisa a fazer é pedir o perdão de Deus por terem se deixado cegar pelas paixões, pela falsa lógica do medo e da desconfiança e por não terem entendido que, entre o erro e a verdade, tinham de escolher o menos sedutor como companheiro para o sucesso, por mais que fosse amargo e repugnante.

Se você anseia pelo sucesso, fique sempre vigilante, persistente e ativo.

O espírito ativo da Natureza Universal não se oferece, mas se permite ser atraído por aqueles que são ativos. Eu disse que as inteligências, espíritos ou naturezas fluídicas aparecem para nós como clarões de relâmpagos: bem, a única grande e poderosa alavanca da mente humana, que a conecta a Deus por meio da serpente da vontade terrestre, é este zelo ou atividade próprios dos espíritos de Mercúrio. É por isso que Dante começa o sétimo canto de seu *Paraíso* com o terceto abaixo, inexplicável para a ciência profana dos gramáticos:

> *Osanna sanctus Deus Sabaoth*
> *Superillustrans claritate tua*
> *Felices ignes borum malachoth!*

> [Hosana, ó Tu Santo Deus dos Exércitos,
> que com Tua Claridade tornas mais brilhantes
> os bem-aventurados lumes desses reinos celestiais!]*

A atividade, a atividade inteligente por si só, pode trazer a maior das conquistas às quais um homem de gênio pode aspirar: a *Verdade das Causas*, que está acima da inércia estagnada, da qual a descrença é um sintoma vulgar, e essa atividade é o meio de alcançar um ideal que é, para as multidões ordinárias, a mais poética das loucuras.

●—❖—●

---

* Traduzido do italiano para o português. (N. do T.)

Initium é traduzido nos dicionários de latim como "início". Mas se lermos a palavra de acordo com as regras analíticas do templo, ela significa "semente que produz", isto é, o princípio da atividade na natureza (tanto do espírito quanto da matéria) que foi de especial importância nos mistérios de Ceres, o *natura naturans* dos teólogos cristãos, de Santo Tomás de Aquino a Bellarmino.

Initium e *initiation*, na linguagem do templário, significa a admissão ao templo onde os sacerdotes da ciência se reuniam.

O que deve ser entendido por iniciação nada tem a ver com misticismo.

É outro tipo de materialismo porque, através da instrução, cria e desenvolve operadores, oficiando sacerdotes com um toque puro que fala no tom certo.

Representamos uma escola de racionalismo que lida com a questão espiritual e não somos místicos. Nosso credo é uma exposição de ideias concretas que concordam com uma metodologia geral eficaz.

O *neófito* é aquele que aspira.

Na religião mosaica dos hebreus e no essenismo, chamavam-no de *levita*. No monasticismo, ele é chamado de *noviço*.

Esse neófito, antes de entrar no templo, antes de cruzar o umbral para tentar a conquista de seus mistérios incomunicáveis, era submetido a *terríveis* provações, cujas descrições meus leitores podem encontrar em todos os livros que tratam de iniciação. Em outras palavras, o guardião do templo só abria a porta para os mistérios para o neófito que lhe parecesse capaz de se desenvolver graças às suas virtudes e à sua perseverança.

Nos templos egípcios, o neófito entra, empurrando a porta do sinédrio onde os mestres de primeiro grau estão sentados ao redor do fogo, com vestimentas vermelhas, mascarados, as cabeças envoltas em faixas sacerdotais. Quando o neófito abre a porta, todos os mestres correm para ele, fazem um cerco ao seu redor e aproximam as adagas de sua garganta chamando-o de traidor e violador do segredo inviolável da natureza. Em seguida discutem sobre a forma que usarão para matá-lo e, para sacrificar seu espírito aos deuses que protegem a Ordem, montam um tribunal e o condenam à morte pelo fogo. Vão então para um grande recinto onde uma pira é acesa. Dois mestres despem o traidor, atiram suas roupas no fogo e chegam a ponto de chamuscar a carne do condenado. Nesse momento, entra o hierofante, ou grande mestre, e adia a execução. A exortação que ele faz ao neófito, nu diante do fogo flamejante, é mais ou menos assim:

> Foste tão ousado a ponto de violares a porta que guarda os mistérios da verdade da vulgaridade dos vivos, o que prova que ou és um homem de coragem ou um idiota estouvado. Posso julgar-te porque posso ler o que há em tua alma e considero tua ousadia uma loucura irrefletida; não sabias que estavas te condenando à morte de um violador. Adio tua execução; adio, não te perdoo; se quiseres salvar-te tens de derrotar o fogo que te consome.
> "...e a água que te sufoca ", acrescenta o mestre mais velho.
> "...e o ar que carrega o sopro da terra ", acrescenta outro.
> "...e a terra que engole almas ", diz um terceiro.

Então, o hierofante volta a falar:

> Se conseguires derrotar esses quatro poderosos fantasmas da negação do espírito, juntar-te-ás à nossa família e avançarás; caso contrário, tua morte só ficará adiada até o dia de teu tremor.
> E ninguém conseguirá te resgatar, pois a prova de tua traição é que violaste, sem merecimento, a entrada do templo.

O hierofante então designa um mestre para o neófito, que o veste de branco; e o neófito jura manter *silêncio* sobre tudo que viu ou verá e suportar sua *provação* ou *morrer*.

O grupo de sacerdotes, organizado em uma hierarquia, fez tudo isso seguindo um ritual ou código que preservava a ordem deles de qualquer intrusão ou violação. Nos círculos atuais, para preservar a pureza dos outros, as pessoas impuras não são admitidas. Vemos os precedentes nos tempos antigos, colocando à prova tudo que um homem curioso pudesse prometer.

Quando o neófito ficou pronto, o mestre se adiantou, recebeu-o e o iniciou, isto é, *lançou sobre ele a semente que ia dar frutos*.

A expressão sagrada *inter-humum*, isto é, semeado ou criado pela segunda vez, surgiu a partir deste conceito de semear o germe frutífero no indivíduo, e é por isso que, na iniciação essênio-cristã, o mestre era chamado de pai, porque o mestre que inicia é o pai do espírito do discípulo. Daí a síncope comum do *initium* através de assonância e consonância análogas. Na Igreja Católica, o confessor é chamado de padre (pai).

Hoje se faz uma utilização particularmente nociva da palavra *initiation* e todos acham que ela significa o início de alguma coisa. *Initiamenta, initiator, initium* são palavras pagãs com duas interpretações, uma vulgar, a outra sacerdotal, e seu uso original foi nos ritos de Ceres.

In-itio (*itio, itionis*, o movimento gerador, o início) correspondia, na antiga linguagem sagrada, ao sopro que o Gênesis diz que o Todo-Poderoso usou para infundir seu espírito divino em Adão, o homem de argila; *initium*, portanto, é diferente de *in-itio*.

Ceres, a deusa que era capaz de fertilizar e de ser fertilizada, poderia transmitir com seus mistérios a ideia de que o poder sacerdotal devia lançar no neófito a semente que traz a compreensão de coisas ocultas.

Para que você receba esta redenção, que é a obra de indispensável preparação, a lei diz o seguinte para você:

1. Leve sempre uma vida muito pura e austera.
2. Nunca se mostre, nem queira parecer, mas seja.
3. Faça o bem e guie-se pela mais pura justiça quando fizer isso.

4. Considere a gula, a luxúria e a influência do mundo profano como seus inimigos.
5. Purifique-se depois de cada ação e pense antes de agir.
6. Diga apenas o que sabe ser verdade, o que experimentou como verdadeiro; não dê o que ainda não possui; não deseje o que sua impureza lhe impede de obter.
7. Fale o menos que puder, não jogue pérolas aos porcos e nunca minta para si mesmo.
8. Seja sempre um exemplo de moral e justiça e, antes de violar a lei dos outros, pense que não quer que os outros violem a sua lei.
9. Purifique a sua palavra por meio do silêncio, seu corpo por meio do jejum e lembre-se de que boas palavras, bons pensamentos e boas ações abrem o reino oculto onde se pensa e se cria, onde se fica calado e onde se aprende.

Mas vamos voltar ao que prometi: o templo foi aberto para o neófito somente após suas provas e a iniciação foi o ato de entrar no templo, recebendo de um sacerdote experiente a semente frutífera – é por isso que, também em nossa linguagem moderna, chamamos de *iniciado* aquele que penetrou no conhecimento dos mistérios e de *adepto* o que alcançou uma materialização deles.

Nesse ponto, é útil observar que a iniciação à ciência absoluta não é obtida nem concedida da mesma maneira a todos.

Distinguimos:

a) A iniciação por meio de ritos.
b) A iniciação por meio de delegação.
c) A iniciação direta.

1. A *iniciação através dos ritos* foi aquela que escolhi para abrir uma escola de magia na Itália. O mestre que dá o ensinamento

tem de ser capaz de perceber, onde quer que esteja, quando o discípulo entrou na zona de purificação e, em certos momentos, deve comunicar-se com ele ou designar-lhe um representante seu na área extra-humana.

2. A *iniciação por meio de delegação* é a usada por sociedades constituídas de forma visível, com uma hierarquia de graus, e o poder de iniciar é conferido por um mestre a seus representantes ativos.

3. A *iniciação direta*, por outro lado, é a comunhão que um mestre cria diretamente com um discípulo, tratando-se, nesse caso, de uma extrema dedicação do mestre ao discípulo. Ela só acontece no caso de um mandato extra-humano, pois, se não for assim, a dedicação será sempre mais contida.

●—◆—●

Para chegar a uma realização, a magia emprega todos os meios externos que se pode usar; também nas religiões, a pompa dos serviços sagrados, as vestimentas sacerdotais, o cerimonial do templo, são todos mágicos. A mesma coisa acontece nas seitas. Mas se a pompa é mágica nas religiões, a magia dos magos, tomada por si mesma, em sua essência, só precisa de uma coisa para produzir milagres: a *vontade*.

No grande cerimonial da religião católica, a *Missa de Réquiem* e o *Te Deum laudamus* (a Vós, ó Deus, louvamos), há grandes e reais operações coletivas. Os padres, liderados por um dirigente mais experiente, desempenham o ritual correspondente, cantam e pronunciam palavras que têm um poder que se apoia naqueles que cantam e se manifestam, na fé de uma congregação que está presente, que reza e toma parte na cerimônia.

É a Fé a substância do esperado
E argumento evidente do invisível

diz Dante,* mas o *argumento evidente do invisível* nas almas das multidões, que estão muito interessadas em sinais eternos, é despertado pela forma pomposa de ritos sacerdotais. Mesmo a alma que é menos tocada por ideais sente-se emocionada, transportada para o movimento geral das almas e arrebatada pelo que nesses ritos é memória atávica e medo do desconhecido.

Temos visto recentemente a publicação de livros sobre a psicologia das massas, mas a *pesquisa filosófica*, que ignora a força psíquica e seu contágio, será sempre superficial em sua consideração da psicologia e seus paradoxos.

Nas igrejas, procissões, revoluções e cerimônias civis, a chave para a comoção geral está em estimular o sentimento que permeia a cadeia de psiques de todos os participantes. Em um exército valente, mesmo aqueles com almas covardes se tornam corajosos, e basta uma visita aos santuários de Nossa Senhora de Lourdes ou de Nossa Senhora do Rosário de Pompeia para constatar como até mesmo a alma mais equilibrada fica emocionada e tocada em épocas de crises maciças de fé.

Nesse contexto, eu poderia escrever sobre coisas profundas, embora simples; poderia falar de verdades perturbadoras capazes de abalar não só a ordem das religiões, mas também a ordem das nações, se as autoridades me permitissem deixar que homens politicamente apaixonados, ambiciosos e maus se apropriassem do segredo de como se tornarem mestres das almas das multidões participantes e facilmente influenciáveis que hoje em dia são chamadas pelo nome pomposo de *massas soberanas*!

No entanto, é claro que, na magia cerimonial de pompa religiosa, a fé (se a semente estiver presente) invade todas as pessoas, arrastando-as como num redemoinho.

---

* *Paraíso*, canto XXV.

Não é assim na magia divina e natural praticada por um mago conhecedor e capaz. No lugar dos rituais maravilhosos, ricos em acessórios e adereços sagrados e religiosos, o mago só substitui sua espiritualização pela *inteligência* e sua fluidificação pela *realização* daquilo que quer.

Ele pensa ou é inspirado, encontra analogias, e através de sua arte alcança seu objetivo.

Alguns filósofos, que querem explicar tudo por meio da hipnose, dizem que, no modo de viver do faquir e na magia, tudo se baseia na auto-hipnose do operador; que sinais, *cifras* e aparelhos mágicos servem apenas para colocar o mago em estados de excitação de modo a produzir os fenômenos.

Outros, ao contrário, sustentam que os objetos usados no trabalho da magia estão carregados de fluido magnético humano, de modo que funcionam graças ao magnetismo com o qual são carregados.

Tanto os primeiros quanto os últimos basearam suas conclusões em experimentos de laboratório que só obtiveram sucesso parcial, mas todos estão convencidos de que suas suposições são verdadeiras.

Os hipnotizadores atribuem o poder de produzir fenômenos à projeção ou liberação da inteligência ou espírito do mago; um sujeito é colocado em um estado de sonambulismo e a ele é ordenado que produza um determinado fenômeno físico. Eles não foram completamente bem-sucedidos, ou não obtiveram sucesso algum, mas à primeira vista parecem ter provado que todos os fenômenos subjetivos foram produzidos dessa maneira.

O médico que coloca um sujeito sensitivo para dormir e lhe oferece um copo d'água dizendo a ele que aquilo é veneno, e obriga-o a beber, envenenou aquela pessoa com água potável. O mesmo se aplica, dizem os hipnotizadores, a qualquer fenômeno subjetivo produzido por um indivíduo que, como os faquires, seja capaz de hipnotizar a si próprio sem dificuldades.

Mas os fenômenos objetivos não podem ser explicados dessa maneira. Neste ponto, magnetizadores, com o Barão du Potet, autor de *Magie Dévoilée* [Magia Revelada], à frente deles, vêm dizer que um magnetizador habilidoso consegue projetar seu fluido magnético em objetos e dotá-los de uma força específica, de modo que o potencial mágico torna-se objetivo. Explicam dessa forma o poder de talismãs, poções ou qualquer roupa que o operador vista ou utilize.

Mas tanto os primeiros quanto os segundos estão enganados, porque o segredo do trabalho com magia não é nem a auto-hipnose do mago nem a magnetização dos objetos usados pelo operador.

Vamos examinar os pontos fracos das duas teorias.

A auto-hipnose pode levar ao exagero da subjetividade.

Hipnotizando a si próprio, o indivíduo pode acreditar que está olhando para uma águia, quando o que está na sua frente é apenas uma pomba. Fazendo isso, ele só teria êxito se liquidasse voluntariamente sua razão e seu espírito. Em vez de se tornar um mago, viraria motivo de chacota.

O *magnetismo*, como determinação da vontade, é uma força incompleta se usada de modo isolado por um operador, porque só pode ser projetado para fortificar alguma coisa com intenção, não com *inteligência*; o mago, porém, usa o magnetismo de forma transcendental, acrescentando-o ao poderoso segredo da *vitalização das coisas*, que é algo acima do magnetismo porque acopla a fluidificação magnética a uma alma que é inteligente por causa de seu poder.

A palavra *vitalização* é inadequada, mas não há outro modo de indicar os poderosos meios mágicos de carregar coisas inanimadas não apenas com força, mas também com uma inteligência que está viva e que mantém afastados eventos contingentes.

O experimento do rio, feito em uma sala pelo Barão du Potet, pode ser um exemplo.

Permita que um magnetizador poderoso pegue um pedaço de carvão e desenhe no chão, com forte intenção magnética, duas linhas paralelas, como essas:

A. _____
Rio
B. _____

E deve ficar claro que as duas linhas representam as duas margens de um rio.

Então colocamos um médium para dormir e dizemos a ele:

– Ande para a frente.

O sonâmbulo caminha. Ao atingir a linha A, ele vai parar. Dizemos a ele:

– Continue.

– Não posso –, ele responde.

– Por que não?

– Porque há um rio aqui.

Se induzimos um segundo e um terceiro sujeitos ao sono, o resultado é o mesmo.

Vamos supor agora que um magnetizador com uma projeção fluídica muito forte desenhe as mesmas duas linhas no meio de uma sala sem colocar qualquer médium para dormir; qualquer pessoa sensível que entre em contato com essas duas linhas sentirá ansiedade sobre algo como o perigo de águas turbulentas. Os que são muito sensíveis vão parar e perceber o pensamento da pessoa que desenhou as linhas (correspondência telepática).

A partir daí, os magnetizadores tiram a conclusão: *este é o segredo dos talismãs*, sinais e operações de magia.

Mas isso não é um segredo da magia, é simplesmente uma operação magnética, porque se um mago traça as duas linhas com a intenção de impedir um homem específico de cruzá-las, ele terá êxito sem que qualquer outra pessoa faça a menor ideia do sentimento direcionado àquele homem específico.

O mago não usa carvão, mas qualquer objeto que não deixe vestígios, e traça uma linha CD:

C ——————————— D

Estabelece que isso será um obstáculo intransponível para o sr. Mevio, que deve estar a caminho. Essa linha, no entanto, é um obstáculo apenas para o sr. Mevio. Isso é uma questão de magnetismo, fluido ou inteligência?

Vamos em frente.

Este sr. Mevio, que de modo intuitivo não deve ultrapassar o obstáculo, recebe, antes mesmo de se aproximar, o aviso de que não deve seguir por aquele caminho. Talvez haja algo nele como um desejo racional, o pensamento de que é melhor não seguir por ali; a mão de alguém o mantém afastado enquanto um *espírito* fala com ele, fornecendo-lhe uma desculpa para não se aproximar da área.

Nesse caso, o magnetismo está acoplado a algo, que é o segredo dos operadores em magia e nada tem a ver com forças conhecidas e reconhecidas. A palavra *vitalizar* é imperfeita porque a vitalização pode ser magnética, mas não é inteligente, não é capaz de compreensão e julgamento.

Em primeiro lugar, deve-se possuir *vontade*, pois o mago tenta concluir sua carreira assim que a começa, abrindo mão de tudo que possa auxiliá-lo para usar apenas sua varinha, como se ela fosse um cetro; e o cetro dos reis modernos não passa de uma deturpação da varinha mágica dos magos da antiga teocracia sacerdotal.

Hoje em dia, as pessoas certamente prefeririam o cetro de um rei vivo à varinha de um mago que não podem ver; mas a diferença é que a varinha dos magos invisíveis mostra o caminho a seguir para os reis terrestres com seus cetros, bastões simbólicos que se atrofiam quando aqueles que os seguram não os infundem com a inteligência de Salomão.

A sociedade humana valoriza muito um nome ilustre, uma família nobre e seus ancestrais; sem nomes, qualquer vaidade estaria morta e o orgulho daqueles que querem dominar seus semelhantes pela fama, pelo privilégio de sua origem ou pelo prestígio de honras acadêmicas ficaria mortalmente ferido.

Todos que escreveram e falaram às massas em nome da ciência ou de ideias absolutas contentaram-se em ser soldados humildes, apóstolos e não autores das ideias que difundiam.

Quem é o autor da Bíblia? Moisés, talvez? Talvez os construtores do segundo Templo?

Quem é o autor do Cristianismo? Jesus de Nazaré, talvez?

Quem é o autor dos *Diálogos* de Platão? Platão, talvez?

Quem é o autor da *Ilíada* e da *Odisseia*? Homero, talvez?

Quem é o autor de *Le Roman de la Rose* [Romance da Rosa]?

Quem é o autor da verdade contida em *A Divina Comédia*?

Aqueles que veem e sabem são os artistas das manifestações. O autor da verdade é a Sabedoria Absoluta, que é a Verdade Eterna, cujo nome profano, individual, é Deus.

Na história, os autores de grandes renovações, de redenções, de revoluções humanitárias são apenas nomes de ideias, personificação da verdade absoluta em relação à sociedade e à época.

A multidão acredita que os homens são os autores de mudanças políticas na Grécia, na América do Norte, na Inglaterra, na Itália, mas a boa filosofia reconhece em cada homem um espírito de justiça enviado pelo mundo das causas com a missão de cumprir a vontade divina na Terra.

A ideia de liberdade das pessoas, assim como o conceito de direitos humanos, da emancipação das mulheres da servidão a senhores masculinos ou da abolição da escravatura não têm autores.

Os apóstolos dessas ideias não são, e não serão, seus autores; são, e serão, bons ou maus intérpretes das leis universais.

O espírito coletivo fala sempre através deles, e Deus o encarna e abençoa quando é um espírito de verdade e de justiça; e nenhuma palavra é pronunciada *lá em cima* contra ele exceto quando o espírito, encarnado para uma missão, prevarica e trai. Foi este o caso de Napoleão, para não falar de homens mais recentes ou contemporâneos, de cujas histórias todos podem se informar para julgar.

Terceira Parte

Os Mistérios
da Taumaturgia

Meu caro discípulo,

Depois de termos discutido com a maior clareza possível os princípios gerais dos dois ramos da *Magia*, devemos agora enfrentar o problema científico dos *milagres* e *maravilhas* na ordem natural de leis imutáveis.

Aqueles que não estudaram nem praticaram o que expliquei na primeira parte sobre magia natural e divina acharão algumas seções desta parte pouco claras, pois a especulação filosófica está relacionada a princípios gerais.

Aviso você, estudioso das propriedades ocultas da natureza das coisas e do espírito humano, de que, nesta terceira parte, vou me referir a alguns assuntos terríveis, que, pela lei divina, não podem ser comunicados na íntegra a homens incultos e sem moral. Por isso é que todas as antigas ciências sacerdotais sempre mantiveram esses temas velados às massas; e a Igreja Católica Romana, que se origina precisamente dessas religiões e cultos, velou-os de forma tão completa (isto é, foi pouco a pouco escondendo tão grande parte da verdade em seus rituais) que, no momento de escrever para a Europa vulgar (a vaca leiteira cujo bezerro itálico seria marcado, desde os tempos sombrios do povo de Eneias, como Cristo, o civilizador), o papado católico perdeu as chaves para acessar os milagres e tornou-se prisioneiro da sociedade trivial da lei das massas, assim como a alma humana é prisioneira do corpo animal naqueles homens que perdem a luz da mente e identificam toda a satisfação com sentidos corporais grosseiros.

Estou, assim, plantando a semente na terra receptiva e fértil para que, no século XX, o jovem filósofo das forças ocultas naturais possa esperar com paciência que o *Papa Mago* volte a ocupar o trono de São Pedro, o pescador de almas, para que a planta do conhecimento oculto encontre aquele que vai perpetuar a verdade e não um abusador que viola a natureza humana às custas de seus companheiros, porque o homem nunca deve usar a ciência dos magos para fazer o mal. Cristo disse, na cruz: "Perdoa-os, Senhor, porque não sabem o que fazem". Mas será que Cristo teria implorado por perdão se seus perseguidores soubessem o que estavam fazendo? Portanto, não é crime violar as leis do mundo divino de modo não intencional, mas é um sacrilégio imperdoável violá-las de modo consciente.

Esta é uma das motivações básicas da hierarquia das sociedades ocultas iniciáticas, uma hierarquia tão criticada pelos defensores do nível médio das inteligências, que contribuem para toda a procissão de erros e de misérias no mundo, o que, por sua vez, leva à punição da sociedade humana pelo divino.

Meu caro leitor, no início do primeiro livro, eu disse a você que o amador não tem direito ao conhecimento super-humano. Agora é hora de formar uma ideia exata da missão de *homens superiores dentro da humanidade* e ver com clareza o pecado da moderna filosofia zoológica, positivista e materialista, e o pecado da ignorância sacerdotal como os dois flagelos mais terríveis dos dias atuais, fisicamente iluminados pela luz elétrica e moralmente mantidos no escuro pela egoísta doutrina da satisfação hedonista.

Em um dia de folia popular, de festa pública, olhe pela sua janela a onda humana que inunda as ruas. Feche então os olhos por um momento e imagine que se passaram cem anos. Em seguida, abra os olhos e, defrontando-se com as ruas desertas, pense que as milhares de pessoas há um instante aglomeradas nessas mesmas ruas estão mortas e voltaram ao pó.

Se você fizer isto enquanto está vivo, terá aprendido que a vida do homem, como a vida das multidões no calor dos sentidos físicos, é a enganosa volúpia do vazio, que homens e gerações passam como raios, cada um dos quais chamamos de século, e desaparecem como bolhas de sabão ou tornam-se pilhas de ossos apodrecendo em cemitérios.

Se você fizer isto e refletir com atenção, poderá se tornar um santo ou um pecador. Você vai se tornar um pecador se entender que, se o corpo e os sentidos são fúteis, o mesmo acontece com a *moralidade*; você vai se tornar um santo se entender que o *espírito da Terra* se alimenta da matança diária de tantos diferentes corpos humanos, sobre os quais flutua o *gênio das raças* e a alma do homem purificado, que se tornou, como diz Dante, a Inteligência separada da matéria, cujo lar está além do lugar comum e da falsa lógica dos sentidos.

Mas cada bolha de sabão tem uma alma; a criança que sopra a água com sabão por um canudo não criaria bolhas se não *soprasse*. Cada bolha, portanto, contém uma respiração ou um espírito, uma alma, um pensamento, um ideal.

Se a bolha de sabão estoura, sua respiração, seu espírito, sua alma desaparecem e morrem? Não existe a opção de, enquanto o corpo devolve à terra seu pesado fardo, à espera da decomposição, o espírito se fundir com a respiração universal e retornar ao caos do *espírito do mundo*? Poderia ele deixar de ser um sopro, um pensamento no processo de evolução?

Esse é o problema da Esfinge, da Ísis velada, da Cruz, da *Estrela* de cinco pontas, da Palavra inefável que expressa o nome de Jeová. Esse é o segredo incomunicável das antigas escolas de magia, capazes de todos os milagres e maravilhas.

Mas o segredo que corresponde a essa *verdade absoluta* não é um ponto de discussão sem sentido para acadêmicos: a Magia é coisa inútil se permanece teórica, mas, se for realizada na prática, torna-se a mais poderosa alavanca nas quatro correntes da cruz edênica:

1. Religião, que governa a alma das massas.
2. Sociedade humana (o Estado).
3. Conhecimento comum.
4. Arte.

A Magia, ou a *ciência absoluta*, entra em conflito com a religião quando os sacerdotes das religiões perderam a chave; com a sociedade humana, quando esta caminha nas sombras, iluminando o pensamento com os sentidos; com a ciência profana, quando a *finitude* da razão imperfeita quer conhecer e julgar a *infinitude* do invisível; com a arte, quando essa eterna manifestação do ideal maior fica atolada no lodo de um *maneirismo* além dos dois extremos de realidade plástica e criação poética.

Os ateus, os titãs da ciência profana que construiriam uma nova Torre de Babel, tentam escalar os céus com a matéria enquanto a eterna luta satânica do espírito contra Deus se eterniza nessa marcha forçada da filosofia dos sentidos contra o absoluto, *a alma simples e grande* que governa o espírito e a matéria dos mundos criados.

Assim, as sociedades humanas, à mercê da razão materialista, caem no abismo da matéria; assim a *Providência* do mundo divino é negada; assim é acreditado, escrito, ensinado, pregado e evangelizado que o Espírito é matéria e que o pensamento humano é o único caminho providencial para as massas seguirem rumo ao infinito da história do sofrimento social e terreno.

Quantas mentiras!

E, no entanto, a história, que deve nos instruir, está aí; não a história anedótica e deplorável da sociedade em evolução, mas os monumentos de raças e nações testemunhando, em uma miríade de bolhas de sabão, a presença das *almas escolhidas* nas encarnações dos espíritos, almas evoluídas ou enviadas para cá no cumprimento da missão heroica de combater a serpente do erro e cortar-lhe a cabeça.

Mas a luta está aí, entre as almas materializadas das massas e o espírito prolífico de Jeová; os anjos rebeldes estão personificados na filosofia do Estado, no egoísmo doutrinário dos Estados, na investigação materialista do espírito das coisas, na inquietação mental determinando revoluções sem ciência, enquanto os mensageiros do Além, em tempos de crise e enfermidade nas massas, consertam as coisas e desaparecem de novo.

Procure os nomes deles na história das religiões, da filosofia, da ciência, da liberdade pessoal, e você sempre perceberá a luz divina ensombrecida pela razão do orgulho humano.

Portanto, aproximar-se, através da Magia e do estudo de sua teoria e de sua prática, das margens do vasto Oceano da Verdade Real significa ser transformado em um anjo, em um demônio ou ser morto por sua própria razão e ousadia, sem nem mesmo se justificar perante a sociedade humana e sua história.

●—◆—●

Assim, os *mistérios das causas primeiras*, ó discípulo, começam a levar você pela mão, através do inferno do conhecimento humano, em busca da razão por trás de milagres e prodígios. Mas a sua busca, a sua cansativa missão, será um esforço totalmente desperdiçado se você não *praticar*; só a prática dá, em nossa ciência, o direito de chegar, mas a chave de toda a prática se apoia na santidade do discípulo: sem santidade ou a subsequente purificação de seu espírito, você nunca realizará a obra divina e, se conseguir realizar algo sem santidade, estará na verdade fazendo o trabalho do diabo.

Tornar-se um santo?

Eis aqui um paradoxo para o leitor que está bem informado sobre estudos científicos e métodos modernos, mas devemos entender a santidade não como as massas entendem devoção e fanatismo; *o santo é aquele que identifica sua razão humana com a razão fatal das coisas e dos espíritos. O santo é um altruísta que se considera um viajante em um hotel durante uma parada em sua jornada para a evolução infinita e final de todas as coisas criadas. O santo é aquele que tem a sabedoria de não se iludir sobre razões visíveis e que se faz digno da ciência de Deus.*

Assim, você só vai encontrar a sua santificação no *amor pelo seu semelhante* e, assim, se tornará um Jesus de Nazaré menor e se sacrificará voluntariamente, amando o seu próximo, estendendo a mão ao seu irmão para redimi-lo e para levá-lo à iluminação espiritual. Em suas mãos, a Magia reproduzirá antigos prodígios lendários, sua vara florescerá e você semeará a bondade ao seu redor; e enquanto uma parte da humanidade pensa e ilumina a outra parte com luz elétrica, você será um soldado desta outra parte e um farol para as almas nesta jornada terrena... para que parem de repeti-la ou para que a repitam quando bem entenderem.

●—❖—●

A filosofia é estudada, ideias são discutidas, símbolos são explicados, mas para aprender a arte mágica após ter aprendido a filosofia da magia, você deve possuir três coisas:

1. A *vontade* sem desejo.
2. A *força* para estar sempre em ação.
3. A *prática* de quem não comete erros.

Aquele que *deseja* é incapaz de *querer*. O desejo é um apetite de ilusão que paralisa a vontade, e o mecanismo da vontade se torna mais perfeito na ausência de qualquer desejo. O homem que *deseja* uma mulher se torna seu escravo; se, ao contrário, ele apenas a quer, é o homem que a torna escrava dele. O homem que *deseja* dinheiro é um mendigo miserável do acaso; mas quem apenas o quer, domina sua sorte. O mago que deseja não é um mago e não opera milagres. Mas ninguém pode dizer com exatidão onde termina o *desejo* e começa o *querer*; apenas a *sua* filosofia pode explicar isso para você.

A segunda coisa necessária é a *força*. Você sabe por que uma semente plantada na areia do mar não brota, mas se essa mesma semente for plantada em uma horta ela germina? Porque a areia do mar é rica em sal e não é produtiva, enquanto a terra da horta tem a *força para dar vida* sem cessar. É por isso que o mago tem de possuir a força necessária para transformar-se nas diferentes forças da natureza e produzir, como a natureza, todos os seus milagres e maravilhas; ele deve ter força para nutrir a semente, como faz a terra do jardim, ou para destruí-la, como faz o sal da areia do mar. A força para avançar de modo incessante é como a força na imutável persistência da natureza e é a mesma força dos que querem operar milagres.

A terceira qualidade é a prática. A criança inexperiente que tenta colher rosas espeta os dedos e os vê sangrando, mas o jardineiro é capaz de colher muitas rosas sem machucar as mãos. Na arte da mágica, aquele que sabe como conceber e não concebe é como o fabricante de espadas que faz a arma para a guerra e não vai à guerra.

Por meio do desenvolvimento de suas faculdades, isto é, pela virtude de seu espírito, o mago se torna um artista depois de ser um filósofo. Esse espírito do mago, instalado e alimentado pelo corpo humano, tem duas grandes prerrogativas que os espíritos desencarnados não têm: *o poder para transformar em energia e a liberdade para materializar*.

Assim que o mago começa a trabalhar por conta própria, sua alma adaptável torna-se a chama de vida que sobe e desce, como os antigos hermetistas costumavam dizer. Isso significa que o espírito dele vive na terra e no espaço, e somente quando o espírito do homem vivendo na carne adquiriu o poder de subir, isto é, de chegar à superfície da corrente astral, ele é capaz de subjugar todas as criaturas da corrente ou oceano que constitui a aura da Terra.

Quando fiz comentários em um livro* da *Biblioteca Esotérica*, expliquei a interpretação do *icthys*, ou peixe, o símbolo do Cristo dos primeiros cristãos; mas o símbolo do *peixe* pertence aos essênios, uma seita da qual veio Jesus de Nazaré e que tinha incorporado o simbolismo figurativo dos escritos de sacerdotes egípcios; por outro lado, os ritos hebraicos originais dispensam símbolos e fazem uso dos signos literais da Cabala, que correspondem a ideias, coisas e números, assim como o sistema pitagórico expressa ideias absolutas por números inteiros e ideias relativas por combinações de números em múltiplos e submúltiplos.

As figuras taumatúrgicas hebraicas consistem de linhas, retas e curvas, de aparência geométrica; as egípcias são figurativas, antropomórficas; as pitagóricas, por sua vez, são numerais.

O Cristo – isto é, a alma do homem que, a seu bel-prazer, sobe aos céus ou desce às profundezas – era simbolizado por um peixe que, usando suas nadadeiras e bexigas natatórias, vem à superfície da água ou, sempre que tem vontade, desce até as mais profundas cavernas do oceano.

A alma do homem na luz astral é como o *peixe* na água. Ela só é capaz de operar em harmonia com os poderes intelectuais ultra-astrais após adquirir o poder de subir e descer, como o peixe; antes de atingir esse estado, o homem comum é simbolizado pela *tartaruga* e o *caracol*, que representam o corpo astral no pesado recipiente da matéria carnal.

É por isso que a *magia natural*, a mais fácil dos dois tipos, faz uso apenas das forças que pertencem ao espírito humano encarnado e aos *animais inferiores da zona astral*, sendo por isso suscetível ao bem e ao

---

* *Cristo, la Magia e il Diavolo*, de Éliphas Lévi, com notas descritivas do dr. Giuliano Kremmerz (Detken and Rochell, 1898).

mal, a obras úteis e mortíferas, utilizando fluidos materializados e terríveis animais do astral.

●─◆─●

Como eu disse nas páginas iniciais, meu tratado sobre magia natural e divina deve ser uma exposição clara não do que outros disseram, mas do que ela realmente é. Por isso, peço ao leitor que deseja ser prático que procure construir para si mesmo uma ideia precisa daquilo que somos.

Pegue uma vasilha cristalina bem grande, encha-a de água e coloque na água peixes de água doce, enguias e besouros d'água. Olhando para a água e os peixes através do vidro, você, ser humano, é, em comparação com os animais no líquido, o mesmo que é uma inteligência de ordem superior (um *espírito purificado* ou *arcanjo*) em comparação conosco, que estamos imersos na corrente astral. Já os três tipos de animais aquáticos do líquido (besouros, enguias e peixes) representam três estágios distintos no desenvolvimento do espírito humano.

Digo *espírito humano* porque, no homem, o espírito não está separado da matéria. Devemos, portanto, enfatizar que o espírito no homem carrega consigo a quantidade de matéria purificada (*diáfana, corpo astral, perispírito*) que é inerente ao seu desenvolvimento. Quanto mais pesado o recipiente, mais pesada a matéria que o envolve, menos sensitivo é o espírito inteligente.

Agora esqueça a vasilha de vidro com os peixes e observe a vida no oceano. Construa uma noção particular, mesmo que apenas aproximada, de tudo que está no oceano, de protozoários fosforescentes a algas marinhas em forma de espada, de moluscos protoplásticos a camarões, de peixes dourados a golfinhos, de tubarões a baleias. Se fizer isso, você terá retratado a vida animal no oceano astral, que, partindo da vida das pedras, passa através da vida vegetal para a inteligência instintiva de micróbios e, de lá, sobe a escada animal até chegar ao homem.

Darwin formulou a teoria mais penetrante de relacionamento encadeado na evolução animal, e a mesma distinção se aplica ao intelecto. Do cachorro ao elefante, do macaco ao homem, existe uma progressão gradual em termos intelectuais, que atinge o pico no *Homo sapiens*; mas, nesta espécie humana, existe sempre um elo hierárquico que, em termos intelectuais, liga os homens a todas as espécies. Há alguns homens que são apenas um pouco mais inteligentes que os cães mais inteligentes, como há outros que se aproximam de espíritos evoluídos e puros, que não vivem mais uma existência humana.

Aqueles que querem entender a linguagem dos deuses devem penetrar na linguagem das sínteses primitivas, passando ao largo do abismo das linguagens humanas.

A sagrada Cabala, a filosofia secreta do absoluto, tem o poder de tornar eterna a linguagem sintética das ideias divinas. Antes dos processos científicos de conhecimento comum, ela é a tocha que traz à memória civilizações seladas com o conhecimento sacerdotal das coisas.

A Cabala é a filosofia das leis absolutas e dos elementos imutáveis da natureza física, inteligente e mental, da natureza em sua expressão concreta.

A Cabala numérica, ou tradição pitagórica oculta, é de compreensão ainda mais difícil sem a ajuda de um *mestre fluente* devido à substituição de *palavras* por *números*.

Os árabes tinham e têm anjos com dois ou mais olhos. Os olhos corpóreos representam sua humanização, enquanto os olhos extras se referem à sua divindade. Assim, com nossos olhos humanos podemos ver o Sol físico e com os olhos mentais o Sol do mundo arquetípico. Eu digo claramente: o mestre só começa a falar quando o côncavo e o convexo – como diziam os velhos rabinos – do mundo celestial brilham com incandescência para a visão do olho mental.

Estudar a Cabala sem vontade de entender as sínteses é perda de tempo.

Moisés recebeu as cinquenta portas da inteligência divina como um presente de Jeová, o Deus cujo nome consiste de *quatro letras simbólicas*, e as passou para nós. Para entendermos bem como este legado forrou nosso ninho, temos de lembrar que a palavra *Moisés* tem diferentes significados, alguns ocultos, incomunicáveis, e outros que são manifestos; segundo um dos significados mais amplamente conhecidos, Moisés significa "atraído para Deus" ou "salvo das águas". De que águas? Das águas do Nilo? Ou em vez do Nilo e suas águas poderia ser do rio astral, que inunda o Egito profano e carnal dos faraós, os reis da matéria?

O olho mental deve ir mais longe e mais fundo que o olho humano ao esquadrinhar livros e verdades sagradas.

A linguagem sintética, ideológica, cabalística é imprecisa à medida que pode se prestar a interpretações que, às vezes, são falsas e profanas e, às vezes, são divinas. Um conhecimento profundo da Cabala clarifica a percepção da ordem concreta da natureza imutável. A luz intelectual nos permite uma percepção profunda de todas as manifestações imperceptíveis ao olho profano.

Natureza, matéria, espírito, o visível e o invisível não apenas um. A unidade é Deus. Todos os eventos fatais são vontade de Deus. Vida, morte, dor, alegria são formas e momentos da vida psíquica universal. Jeová é o *ego sum qui sum* [Eu sou o que sou] e todas as verdades estão nele, o *semoth* dos cabalistas (ciência mística) e a *sophisath* (ciência numérica): nele e para ele todas as manifestações da natureza viva e inteligente.

A profecia está apenas nisso: a alta magia está na interpretação de toda a natureza como a linguagem do Único e Imutável Todo-poderoso. A clarividência é a síntese da impressão da natureza universal.

As chamadas superstições são apenas a linguagem da vida invisível, mas inferior. Os sonhos só representam uma vida e uma grande verdade para aqueles que podem ler, de forma analógica, seu significado real e profundo.

Uma palavra é a materialização de uma *ideia*. É o ato gerado pela *ideia*. Aqueles que estudam filologia em escolas comuns não são competentes na técnica magnética e mágica da palavra. O silêncio pitagórico foi considerado apropriado para eliminar as impurezas associadas aos signos fônicos ou gráficos do pensamento humano ou do *mundo absoluto de verdades eternas*. *Alma, vida* e *pensamento* são palavras, sons e sinais; são efeitos e obras; são cálculos e monumentos; são sensações e são... nada.

As sensações podem ser ou podem não ser eficazes para determinar a verdade do que existe. Os dois fatores devem ser memória e vontade; consciência é apenas o sentimento persistente que resulta do trabalho conjunto dos três fatores:

sensibilidade
memória perene (evidência irrefutável, consciência)
vontade

A sensibilidade é enganosa, a memória pode ser igualmente enganosa, a vontade pode ser dominada por uma vontade de maior dinamismo. Consequentemente, a evidência da verdade tem de vir de um sentido que é mais sutil, mais profundo, mais elevado que a simples consciência animal ou sensorial.

A *consciência* é uma *sensação* na medida em que é resultado de coisas complexas e distintas agindo sobre o corpo humano: a natureza animal do homem, do homem equilibrado segundo a teoria zoosófica, não pode ter consciência além da sensação de memórias e de ações que ocorreram e que se completaram.

Mas o homem psiquicamente avançado tem uma *segunda consciência*, que não é resultado de ações físicas e que contém um certo sentido inexprimível, luminoso, que destaca e separa as duas setas resultantes da equação do livre poder individualizado do éter de Hipócrates e da corrente externa.

Vou esclarecer com um exemplo. Você tem sede e pega uma garrafa de um bom vinho. Você bebe. À medida que o vinho chega ao estômago, você vai ficando cada vez mais embriagado. Você está, no entanto, *consciente* da ação do vinho no seu cérebro.

Até que você fique completamente bêbado, terá consciência exata do atordoamento tendo efeito sobre as suas ações. Essa percepção profunda, que coloca você acima dos efeitos físicos da ação do vinho, foi apresentada por certas seitas filosóficas como a duplicata dinâmica, inteligente, da consciência da alma.

Aqui está ela, em forma gráfica:

$$\left.\begin{array}{l}\text{– A ação do vinho}\\ \text{– Atordoamento}\\ \text{– Embriaguez}\\ \text{– Delírio}\end{array}\right\} \textit{consciência animal} \quad \text{alma material}$$

$$\left.\begin{array}{l}\text{O sentido intelectual}\\ \text{julgando o estado}\\ \text{anormal}\end{array}\right\} \textit{consciência intelectiva} \quad \text{alma inteligente}$$

Mas isso não é o bastante: para além dessa consciência supersensível existe o princípio de julgamento, o *eu interior*, o livre e racional princípio da alma, julgando os dois tipos de consciência.

●—✧—●

Àqueles que já me perguntaram por que os ocultistas não expressam suas ideias com clareza, digo que a razão para tanto deve ser buscada na natureza muito imperfeita dos discípulos, nos quais o ato involutivo representado pelo pecado original, do qual o batismo católico pretende purificá-los, leva todas as criaturas à completa e concreta materialização das mais sublimes ideias e das mais elevadas concepções, que não são nem *humanas* nem *passíveis de humanização*; caso contrário, elas seriam finitas e pertenceriam ao inferno ou ao submundo do erro.

A Cabala dos rabinos é a *Imaculada Conceição*, livre de qualquer mancha de prevaricação humana. Palavras são expressões e deturpações de ideias concebidas. Falar significa tornar material. Falar é dissolver. Ouvir uma fala é desviar-se, caso a pessoa não vá além das palavras faladas e não apreenda as ideias por trás delas. O grande mistério reside no silêncio dos sentidos para permitir a evolução ou purificação do espírito encarnado.

Não se esqueça, meu discípulo, que doutrinas humanas, e me refiro aqui àquelas que não têm seu fundamento na purificação do espírito humano e na sua evolução para a redescoberta da sua liberdade inicial, foram chamadas de *diabólicas, satânicas, infernais*, simplesmente por terem tentado erguer um altar em oposição à evolução do espírito. A tentativa de conquistar os céus, violando-os ao tornar concretas ideias sublimes, é *titânica*; mas os titãs são os espíritos mais profundamente incrustados na lama, e eles tendem a misturar com a lama qualquer ideia abstrata e pura, tornando assim a lama sublime.

O dogma da onipotência do Ser-Deus (*Tetragrammaton*) contém a união de dois elementos ativos agindo sobre o mesmo elemento passivo. Mas se o Universo, ou macrocosmo, contém este poder absoluto, o microcosmo, ou homem (Deus-Homem), contém, por analogia, os mesmos elementos.*

---

* *Yod, He, Vau, He.*

O mundo moderno não é capaz de explicar por que, durante tantos séculos, homens cultos têm se mostrado tão interessados nas definições das ideias fundamentais de religiosidade; é porque este nosso mundo contemporâneo não consegue entender a *positividade* de sábias dissertações teológicas e o significado das fórmulas abstratas sobre as quais as discussões ostensivamente prolixas foram baseadas. As disposições mais tolas e obscuras aos olhos dos modernos, que não tentam penetrar nos fundamentos das motivações religiosas, todas elas ocultavam uma forte tendência à concretização; de Maniqueu às heresias católicas dos últimos séculos, os heresiarcas – mas aqueles que de fato mereciam o nome – tinham no fundo de seus cérebros uma ideia especial para a manifestação e desintegração da verdade. Os primeiros séculos da Roma Cristã, quando o Cristianismo nascente viu-se em conflito doutrinário com todos os sistemas filosóficos da latinidade pagã, testemunharam a luta feroz entre os sistemas filosóficos, porque naquela época mesmo a doutrina revelada dos neocristãos era concebida como um sistema de doutrinas filosóficas. As diferentes formas de conceber e definir a *Unidade Criativa* e suas manifestações deram origem a três correntes principais de sabedoria aplicada:

1. O objetivo da vida e como alcançá-lo.
2. Moralidade e tendências sociais.
3. Razão, história e realização política.

A partir do ideal concreto da Mente humana agindo como um refletor do poder universal, uma diferente tendência moral é projetada no entorno social e, quando filósofos modernos começam a ampliar a ideia do século XVIII da não existência de uma *moralidade absoluta*, eles revelam que a obra das grandes religiões, do Budismo ao Cristianismo, passou diante dos olhos deles como imagem fugaz, porque eles não entenderam que o fator social que prepara o caminho para as grandes revoluções e as grandes ideias históricas é o ideal religioso, que dá origem à moralidade e ao bem-estar das pessoas.*

Por favor observe que agora estou falando para aqueles leitores que têm um interesse profundo pelas ciências sociais, mostrando-lhes, sem qualquer intolerância e acima de todas as religiões, um novo ponto de vista a partir do qual é possível analisar e compreender a influência benéfica de todas as atividades religiosas para todos os povos civilizados modernos, e acho que estaria me desviando do caminho se tentasse ampliar a discussão sobre o tema. Aqui devo apenas lembrar ao leitor que a *magia*, a ciência perfeita, não deve ser compreendida apenas como manifestação dos poderes ocultos de uma pessoa sobre outras pessoas ou coisas, mas deve nos levar a ver a mente humana como manifestação da harmonia divina em todo o meio histórico no decorrer de longas eras.

A vida habitual de um homem, que dura muito menos de um século, não prova nada em termos da realidade prática da vida. Durante sua vida, se o simbolismo de sua história é confiável, Jesus de Nazaré só conseguiu ser atormentado. Mas a partir de seus tormentos, da cruz em que foi pregado, ele realizou, através do *Consummatum est*, o maior ato de magia social: preparou o caminho para novos tempos, pôs em movimento a ideia de harmonia que, vinte séculos depois, ainda não está completamente concretizada e viva. Mas se o mestre tivesse vivido em sua forma humana por vinte séculos e se a memória humana fosse

---

* A ciência divina pode ser confiada apenas a homens puros, isto é, homens que não têm interesse pessoal e, consequentemente, estão livres de necessidades e ambições. Seguir a estrada da ciência secreta dos magos com um desapego apenas aparente é obra de feiticeiros. O egoísmo é o padrão. O egoísmo é a pedra de toque de todos os iniciados. Os governos teocráticos de tempos antigos não estavam baseados na indústria religiosa, como os jovens costumam ser levados a crer. Eles na verdade representaram a atração dos povos por homens iluminados que agiam de forma desinteressada.

poderosa o bastante para abarcar, em uma esplêndida imagem, todo o trabalho feito, poderíamos exclamar, como fez Napoleão diante das pirâmides, que quarenta séculos olharão com admiração para a gloriosa obra do mais glorioso dos mestres, enquanto a magia humana de um sectário e de uma seita hebraica se transforma, por meio da religião e da filosofia, em sabedoria, progresso, luz e perfeição social.

Pegue a cabeça de um homem, abra-a e descreva os órgãos que encontrar ali. Se é no cérebro sangrando que procura o homem, se é em seu peso que quer encontrar a ideia, está então compelido a tirar daí duas grandes consequências: a materialidade absoluta da vida e a orgia hedonista como único objetivo da sociedade. A moral que se extrai é evidente. A partir daí, os grandes erros dos ritos satânicos naqueles que, mesmo que apenas estudem teologia, invertem-na com um determinado propósito e para obtenção de sucesso imediato. Em magia, só a concepção pura ou impura define a aplicação e a tendência dos ritos, que podem ser grandiosos por conta de seu idealismo ou da sua maldade. O mesmo se aplica à religião e à política.

●—◆—●

Eu disse que à cabeça do homem, ou vértice superior do pentágono mágico – que Éliphas Lévi acertadamente nos aconselha a nunca rastrear, porque ele nunca é rastreado impunemente –, correspondem os sinais de uma magistral ou divina onipotência microcósmica, ☉ + ☽, mas se quisermos filosofar sobre esse princípio do binário que reside na mente humana ou espírito encarnado, devemos posicionar os dois sinais de modo diferente:

$$+ \;☽$$
$$☉$$
$$- \;☾$$

O crescente lunar superior aumentando *de modo positivo* em termos ideais e o quarto decrescente e *passivo*.

No positivo, você tem a chave de Ísis, ou Imaculada Conceição.

No passivo, você tem a fórmula da corrupção da pureza, ou Perséfone.

A ☉ inteligência está entre os dois fatores. O livre-arbítrio humano se encontra exatamente nesta escolha, mas no trabalho mágico, depois que a escolha tenha sido feita, temos de enfrentar as consequências.

Deus é Um. No Salmo 138, na Igreja Católica, o versículo 8 cantado é:

> *Si adscendero in coelum, tu illic es;*
> *Si descendero ad infernum ades.*
> [Se eu subir ao céu, tu estarás lá;
> Se eu descer ao inferno, tu estarás lá.]

Esse "tu" se refere a *Dominus qui inteligit cogitationes et cognoscit sensions* [Aquele que entende pensamentos e experimenta sensações]: o *dominus*, portanto, está acima e abaixo.*

Aqui peço encarecidamente que meu leitor não rejeite isso sem refletir bem sobre o que estou dizendo, porque aqueles capazes de compreender o verdadeiro sentido de minhas palavras terão a oportunidade de ficar cara a cara com a verdade, como Jacó que entrou em combate renhido com o anjo místico e ficou aleijado de uma perna.

A verdade, que tantos símbolos sagrados e tantas fórmulas evocativas costumam vendar, que tantos atos sublimes ou nefastos simbolizam ou buscam, não é a *palavra* que manifesta o nome secreto de Deus,

---

* Esta unidade de Deus não pode ser claramente entendida pelo público que estuda a Cabala secreta sem blasfêmia: Deus é o Diabo. Mas formular a lei dessa forma é absurdo, porque seria uma negação do binário. Pergunte a um professor de teologia se Deus na casa do Diabo é ou não Deus. Aqueles que não entendem a questão não devem refletir muito sobre essas palavras para não permanecerem no *infernum* sem encontrar Deus por lá.

mas a tentativa de transmiti-la sem pronunciá-la, isto é, sem violá-la para a posteridade, para que aqueles que merecem possam aprendê-la e ouvi-la se repetindo em seus ouvidos como a maior conquista da sabedoria absoluta.*

As reverberações dessa verdade são prismáticas. Há uma onda de sete cores da verdade, que os indivíduos apreendem e admiram, conforme a maior ou menor perfeição de seus espíritos. O conjunto do espectro luminoso é a verdade dos grandes mestres; só uma das cores é o poder mais ou menos miraculoso dos aspirantes ao sacerdócio final dos adeptos.

O momento da conquista final, quando o *mestre* é formado, é um momento de renascimento. Da lagarta irrompe a borboleta mística de Dante Alighieri e então, prostrados diante da verdade ofuscante, contemplamos o oceano de impurezas humanas como de um balão voador na escuridão do pântano coberto de piche dos antigos visionários.

O reino da Beatitude de Buda e o da Assunção de Maria na doutrina católica são idênticos como estados de perfeição desejados por iniciados. Penetrar no limbo de maior pureza + ☽ é o caminho para chegar lá; cair no − ☾ é a magia das formas involutivas. A clarividência em todos os campos e a alta perfeição dos mais elevados sacerdotes encarnados pertencem ao primeiro; todas as ilusões da zona astral, todas as imperfeições e o caráter volúvel da corrente das almas involutivas pertencem à segunda.

---

* Para este fim, a primeira parte deve ser lida e relida. O segredo da palavra incomunicável pode ser revelado por um mestre que o conhece ou pode lhe ser roubado por alguém que seja próximo a ele e que procura não ser dispensado quando o mestre percebe o perigo de sua devoção. Não devemos esquecer que o discípulo só é a verdadeira esponja do mestre quando é bem-sucedido; caso contrário, quando se torna um número insignificante em sua cadeia, ele é absorvido pelo mestre. Arnon costumava dizer a seu discípulo: "Para ter sucesso na magia não basta encontrar um mestre. É preciso não perdê-lo e não deixar que ele se vá".

Por trás desse duplo aspecto dos esforços dos iniciados para alcançar o estado de conquista, está oculto o terrível segredo da vida e da morte de almas humanas.*

Io parlo per ver dire [falo para dizer a verdade] e não pense que o autor de *A Divina Comédia* estava tentando a sorte na filosofia e na história sem inspiração e sem uma visão clara da verdade. O homem que está além do hedonismo se defronta com a opção: Cristo ou Satanás. Nas doutrinas comuns, Cristo representa o mundo da perfeição das almas, enquanto Satanás representa tudo que diz respeito à matéria e aos sentidos.

⊙   *in coelum illic es*
        *in infernum ades***   (Salmo 138)

Não entenda, se você tem algum respeito pelo intelecto, como os falsos gnósticos dos primeiros séculos, que *acima e abaixo sejam uma coisa só* e que tudo é *dualidade*; não entenda que o salmista confundiu onipotência com a transformação do personagem divino no rei do Inferno nas esferas infernais, mas reflita sobre o fato de que Pitágoras chamou o homem de *unidade* e *multiplicidade*, e que chamou a origem, ou Deus, de único.

No simbolismo católico, a Virgem Maria representa a Imaculada Concepção sobre a zona ativa da intelectualidade pagã (Minerva) e, com a Lua minguante sob seus pés, ela está livre de qualquer eflúvio terrestre: homens passivamente religiosos aspiram a esse estado de purificação. As litanias de Nossa Senhora têm de ser lidas e estudadas em

---

*   O leitor não deve achar que aqui há um erro de impressão. Estou de fato dizendo: da vida e da morte de almas humanas.

**   Si ascendero in coelum illic es si descendero ad infernum ades (se subir até os céus, ali estareis; se descer à região dos mortos, também lá vos encontrareis). (N. do T.)

cada uma das denominações, a partir do que é possível se inferir a escala de todas as qualidades atribuídas à pureza.

Este simbolismo da Imaculada Concepção remonta a muitos séculos antes de Cristo. A Ísis velada do Egito e as divindades femininas ou lunares das monarquias assíria e babilônica são prova disso. É o culto mais elevado do ponto de vista filosófico e mágico. Mas o culto se presta à decadência em cerimônias sacrílegas assim que a pureza imaculada desse ideal sublime de exaltação mental é manchado por atos bem materiais de coerção e por imprecações. Neste caso, não é raro que o mais puro idealismo seja confundido com a decadência espiritual das efígies magnetizadas e encantadas para produzir certos efeitos: assim cada imagem corresponde a um título e cada título corresponde ao desejo de obter um favor ou uma satisfação de necessidades pessoais.

Estendi-me um pouco sobre o simbolismo de *Maria* e a *Concepção* Cristã para que aqueles que se dizem *espíritos* fortes entendam bem que, na teosofia suprema, *Maria* e a *Concepção* são apenas estados de luz mental, como a rosa mística dos Rosa-cruzes. A verdade, que coloca a seus pés toda a mutabilidade influenciando o mundo terrestre (a Lua), é cercada por doze estrelas: são os aspectos astrais, que nunca mudam, e ainda brilham com a mesma luz e a mesma intensidade ao redor da cabeça sorridente da Sabedoria.

Mas o culto de estátuas e imagens e as visões como as de Lourdes e das outras Madonas é inferior ao puro e mais elevado simbolismo da *Mater Dei*. Os muitos que tiveram visões da Virgem Maria não superaram as visões astrais onde o espírito da *humanidade* fala por meio de símbolos à inteligência do visionário. Por outro lado, nem todos podem captar a Mais Pura entre as Virgens no campo ideal e as imagens, estátuas, pinturas são evocações reais do ideal. Que todo sofredor se volte para ela e receberá conforto; o enfermo será abençoado e curado. Se quem reza não é capaz de se elevar às grandes alturas de maior pureza, que pelo menos evoque e invoque sua imagem (*in-magus*) astral, pois mesmo a sombra dessa luz é uma luz que consola. Aqui está o mês das flores... a rosa mística está na cruz do equilíbrio universal, em nome do qual o mestre envia uma saudação aos irmãos espalhados pelo Universo à espera do Novo Sol.

Nos ritos dos feiticeiros, Astarte, assim como Perséfone nos ritos órficos, em vez de ter a Lua a seus pés, aparece com uma meia Lua com os chifres para cima emergindo de seus cabelos. Um corpo sinuoso como o de uma serpente, monstruoso em sua luxúria, encantador em sua forma – eis a Sereia Partenope dos antigos marinheiros. A sereia encanta sedutoramente os que viajam em busca da verdade. Como irás contê-la se teu coração estremece e tua carne se arrepia com a volúpia de sua música? Ulisses diz: "Tampa os ouvidos com cera"; mas a história de Ulisses é famosa e não preciso repeti-la ou comentá-la aqui. O mestre que leva seu discípulo a bordo na viagem para a conquista da verdade deve testá-lo e jogá-lo na praia onde a sereia está à espera de amantes e vítimas. O discípulo cede à sereia: muito mau! O discípulo resiste: muito bom para ele!

Para resumir:

Todo tipo de taumaturgia tem seu fundamento na Luz. *Luz* por excelência é Deus ou o Diabo: se meu leitor entendeu com clareza o versículo do Salmo 138 antes de se sentir inflado de sabedoria baseada em argumentos, ele tem de aprender a perguntar a *uma criança com os olhos de um velho* se deve buscar a luz com o acendedor de lampiões do céu ou com aquele que está no desconhecido inferno dos vivos. Mas, e *acima de tudo*, ele não deve partir de ideias preconcebidas, com as pretensões e a educação profana que há tantos séculos vêm sendo introduzidas à força na psique de povos contemporâneos. O *fiat lux* [que haja luz] é conhecido em teoria; algebricamente, todo mundo pensa que um Espírito Todo-Poderoso pode ter criado a Luz, mas se refletirmos sobre os primeiros problemas da filosofia oculta, que tive a honra de explicar ao meu discípulo no início da primeira parte de *Il Mondo*

Secreto, o terrível dilema de descobrirmos o Deus que vive dentro de nós mesmos não é uma tarefa heterodoxa, já que todas as igrejas cristãs ensinam aos fiéis que o homem é feito à imagem de Deus. Se, antes da criação, Deus tinha um poder criativo ativo, depois da criação, isto é, já estando corporificado e individualizado como homem, ele deve preservar a capacidade de seu potencial criativo essencial.

Abra bem, meu leitor, os ouvidos de seu espírito, pois se não conseguir entender o significado aforístico desse primeiro arcano que estou expondo diante de você, especulará em vão sobre o proveito de que a compreensão do milagre lhe seja comunicada.

Os sectários dos primeiros séculos cristãos diziam que o duplo Deus, emanador da luz viva e verdadeira, era Luz e Serpente. Os ofitas acreditavam na Serpente, como ensina Santo Afonso Maria de Ligório, mas os que vieram depois se limitaram a rir daqueles homens sábios e da simbologia que cultivavam entre os perigosos sectários e revolucionários do período de incubação do Cristianismo primitivo. Teodoreto, em longas diatribes contra os pitagóricos, fez, por meio de uma eloquência popular, certas sugestões de que os gentios e aqueles que viveram antes da introdução do essenismo na Europa nunca pretenderam simbolizar mistérios ocultos, de natureza espiritual secreta, divinizando pessoas. O mundo antigo, no que diz respeito a questões das ciências espirituais, travava discussões muito mais avançadas do que as controvérsias do século XVIII ou os debates polêmicos de fins de nosso século XIX, e o único ponto que historicamente divide os períodos é a vulgarização do número, ou seja, a ampliação do primeiro e limitado círculo de sabedoria considerado como elevada manifestação sacerdotal. A magia tem de absorver toda a exterioridade da Religião Eterna da qual o Budismo, o Bramanismo, a crença dos caldeus do Egito, o Paganismo e o Cristianismo são apenas vislumbres da verdade na vastidão do tempo. *A magia é a ciência.*

Os tempos são a *moralidade*: a moralidade, a chave para a ciência das formas religiosas, reside nos costumes. *Mores sunt tempora*; a famosa *tempora* [índole] ou *mores* [costumes] são expressões unilaterais – o grau espiritual (com sua grande influência sobre a sociedade) dita o progresso ascendente da sociedade humana.

A face externa dos deuses é popular, ou profana, ou seja, é a imitação ou o exemplo de épocas passadas. Mas as ações de pessoas profanas combinam com a face secreta desses deuses? Janus, o deus com duas faces, não ensina nada aos pretensos filósofos de antigas mitologias?

Aconselho o estudo da mitologia em sua essência, porque você pode encontrar nela até mesmo a iniciação aos poderes do nosso organismo; é a busca de uma ciência rara, a possibilidade de desvendar um arcano de integração.

O iniciado à magia do clero não deve considerar apenas a simples imagem externa das divindades; deve penetrar em seus aspectos ocultos, pois se não conhecermos a face secreta de Deus vamos nos iludir nos imaginando filósofos com formação em ortodoxia e ciências hieráticas.

Pedir ao *Mestre* um livro no qual sejam ensinados milagres da mesma forma como são ensinadas as regras de jogos de baralho é pedir para ser alvo de uma mentira covarde do espírito vulgar. Você deve pedir e obter a luz antes que o *Mestre* fale, caso contrário as palavras dele serão como pérolas atiradas aos porcos.

Se quisermos tirar o último véu que fica entre nós e a verdade oculta, podemos evocar uma dentre duas formas: a objetiva (o reflexo, ou espectro) ou a subjetiva (o Fogo, ou Matriz).

O primeiro caminho é mais fácil, mas também mais longo.

As ordens religiosas confirmam isso. Uma leitura vagarosa e meditativa da *Imitação* [*Imitação de Cristo*], de Tomás de Kempis, ou o regime metódico de uma ordem religiosa, talvez do Extremo Oriente, nos prepara para a evocação do Cristo vivo.

As ordens mágicas ativas nos preparam para o segundo caminho.

O Fogo Criativo, além de todas as coisas criadas, de todas as personalidades e personificações, representa o dilema da vitória ou aniquilamento do espírito ativo e inquiridor. A incrível bravura das evocações de uma pirotecnia mágica não pode ser apreciada sequer como invenção de um romancista. Mas depois da sua conquista, o último véu cai de nossos olhos e compreendemos o *Mestre*.

Aqui começa o trabalho taumatúrgico do adepto.

Não devemos tentar produzir milagres sem antes empreendermos uma tentativa ousada de nos destruirmos, átomo por átomo, com o objetivo de ver a face daquele cuja face real, como está escrito, ninguém jamais viu, cuja voz só foi ouvida por aquele que foi salvo das águas, a quem Cristo chamou de Pai.

Aqueles que querem começar produzindo milagres para só então se decidirem agem como loucos na ciência da verdade secreta, que é a *magia*.

O primeiro aspecto do raio de Deus, conhecido, em termos cabalísticos, pelo nome de *Ariel*, é o poder taumatúrgico ou capacidade de realizar milagres, milagres que não são violações das leis da natureza, como pensam os profanos e ignorantes; nem se devem em grande parte à ignorância dos crentes, como pseudocientistas da normalidade dos eventos tentariam nos fazer crer.

As ciências secretas afirmam que os milagres são atos reais e evidentes de criação graças às mesmas leis criativas com as quais Jeová executou o grande milagre da criação do Universo.

As leis e concepções do milagre são a base do segundo sentido da Cabala, enquanto a *Inteligência*, da teosofia, é representada pelo quinário ao qual já nos referimos.

Ariel é um anjo, ou seja, é a forma da força expressa pela inteligência divina. Portanto, ele é força e é inteligência. É instintivamente forte e inteligente. É *capaz*.

No misticismo profano, tudo que vem da vida material das coisas, tudo que inclui o duplo ato de valor e capacidade deliberativa é *Ariel*, que é a evocação, ou manifestação, da face de Jeová.

Na vida da matéria, o movimento é muito lento; na vida do pensamento há um rápido movimento giratório. Devemos distinguir e separar a intelectualidade da materialização.

Na prática da magia, portanto, os nomes de entidades divinas devem ser apreendidos e compreendidos como tendo uma aplicação tripla:

1. *Inteligência* ou projeção da vontade divina central.
2. *Espírito* ou manifestação de tendência.
3. *Gênio*, ou *demônio*, em sua manifestação real.

Cada uma dessas formas tem uma manifestação fenomenal diferente.

Na primeira, o fenômeno é mental, na segunda é astral, na terceira é material, isto é, pertence ao mundo visível para as pessoas comuns.

Ariel, na magia divina, é a inteligência absoluta da força criativa divina. Inteligência significa compreensão, penetração, intuição sutil do valor do poder de criação. Em sua segunda fase de adaptação, é um espírito ou um anjo agindo na corrente astral. Na terceira aparição, é o ato de força materializada; isto é, a encarnação de inteligência.

Antes de prosseguirmos, é necessário que o discípulo compreenda essa diferença na prática, caso contrário não poderá compreender exatamente a *magia*, a ciência dos mais perfeitos. Em razão de efeitos rápidos e enganosos de uma interpretação imprecisa, quem está pensando de forma errada sobre coisas mágicas vai encontrar áreas como a do *Espiritismo Experimental* e a dos estudos paranormais. Elas tendem a formar um corpo de doutrinas abstratas, incompletas e enganosas que parecerão, de modo ilusório, muito profundas e mais concretas por partirem da sensação e da objetividade física e apresentarem, como resultado final, uma volta... à fonte da própria sensação.

Contudo, estudar *Magia* e se dedicar à teurgia não significa estudar os fenômenos perceptíveis aos sentidos físicos, mas estudar as leis ocultas e produzir fenômenos visíveis; e, como todas as ciências, a *Magia* deve ser primeiro estudada com atenção em sua parte doutrinária e depois em sua aplicação; antes, no entanto, de aprender qualquer coisa que tenha relação com a ciência, devemos compreender o sentido das palavras que usamos.

As palavras *Anjo*, *Demônio* e *Espírito* não têm, de um ponto de vista científico, o mesmo significado que o público deu a elas. Um estudante de ciência moderna, bem integrado na pesquisa em salas de cirurgia, em laboratórios bacteriológicos e tomando por base sua formação científica, considera desprezíveis as três palavras, pois expressariam conceitos risíveis. Talvez eu seja o último e também o primeiro a reabilitar a antiga "logologia" clássica da ciência oculta para criar o elo entre formas antigas e modernas de conhecimento humano visando à apoteose da sabedoria sintética divina; *mas no futuro, os que vierem depois de mim, não deixarão de levar a cabo minha completa integração à modernidade, fazendo o mundo saudar como descobertas muito modernas coisas que pertencem ao antigo conhecimento do sacerdócio da ciência única.* Pareceria, sem dúvida, extremamente singular e estranho um professor de química evocar, em uma universidade moderna, na frente de alunos descrentes e antes de iniciar uma experiência, o anjo da transformação de Mercúrio ou o demônio de mutação da Lua. Seja como for, o castelo titânico da humanidade sensata continuará crescendo camada por camada pela sobreposição de teorias, bem como por *incitações* das chamadas ideias *científicas* de modo a enxertar, durante muitas gerações, o germe da novidade na consciência das coisas verdadeiras do mundo visível.

Chegará o dia, e esse dia não está muito distante, em que as pessoas compreenderão o que é a *vida humana* e, então, os "socialistas" e "humanistas" do nosso tempo poderão dizer que os descobridores dessa grande verdade, que é o segredo da árvore do bem e do mal, vão compreender que, seu único meio de salvação é se estabelecerem como uma teocracia científica. As duas descobertas deste final de século, os raios X e a comunicação sem fio, embora maravilhosas, são insignificantes quando comparadas com a solução científica do problema da *vida humana*. A mais elevada iniciação concede esse segredo aos adeptos, mas quantos chegaram tão longe?

Minha tarefa atual é reunir os poucos selecionados. As sementes dessa ciência encontrarão neles a terra fecunda para torná-los mestres para as gerações futuras, isto é, para nelas semear a semente da verdade eterna, acima de qualquer artifício da arrogante ciência humana. Estou falando com eles para que possam *entender* antes de *praticar*, para que não venham a *praticar* de maneira empírica, como charlatães, aos tropeções, imaginando que estão estudando magia no beco sem saída do espiritismo popular ou sonambulismo mesmérico, fundamentos de doutrinas sem começo nem fim.

A magia não pode ser praticada como uma profissão aprendida pela vontade humana: ela é a prática de *virtudes ativas*. Não pode existir e não existe para aqueles que a praticam com base na teoria cega e incoerente de práticas bem conhecidas. Aqueles que fazem magia com esse hábito triste e imperfeito de produzir fenômenos imediatos praticam o tipo mais grosseiro de espiritismo, mas aqueles que querem produzir efeitos mágicos sem o *conhecimento* do que estão fazendo semeiam na areia e terríveis catástrofes resultam dessa loucura. Essa loucura não leva apenas à morte do corpo físico, como eles podem pensar; resulta com frequência na segunda morte, isto é, no completo aniquilamento de sua entidade psíquica. Este é o aviso diante do qual qualquer trabalho imprudente deve cessar.

A fim de compreender antes de praticar, devemos estar plenamente cientes de todas as teorias, analogias e palavras usadas na *Grande Arte*, ou *Ars Magna*, a explicação da mais elevada ciência divina.

Tudo na magia prática é alcançado por meio do amor; o amor é inteligência divina, ou seja, um estado de compreensão, a intuição do abraço divino entre a matéria finita e o mundo infinito.

Cada evocação ou invocação é um esforço para compreender.

Se esse esforço é direcionado para objetivos inferiores, isto é, para corpos finitos tendo uma determinada vida evolutiva, esse esforço representa a involução de nosso próprio ser para a vida inferior (inferno, satanismo, feitiçaria).

Se, ao contrário, tende para Deus, isto é, para o supremo Infinito Todo-Poderoso, representa evolução (paraíso, magia divina).

O operador pode usar o mesmo nome para evocar e para invocar.

O código de acesso a cada prática é a *Imaculada Concepção*.

Quando você pensa, evoca; quando concebe, cria; mas o ato mágico da *Concepção* não pode ser compreendido como resultado de meditação e longas vigílias.

Na Magia, a *Concepção* é um relâmpago, uma operação deslumbrante de nossa psique, que se apoia em dois fatores:

1. A mais perfeita educação do corpo físico e intelectual.
2. A vontade do bem e do mal.

Para resumir, eu acrescentaria:

* que apenas em uma consciência integrada, alheia a qualquer influência do ambiente, de superstição ou de paixão, o poder volitivo se manifesta de modo espontâneo, sem esforço, pelo simples ato imaginativo;
* que a imaginação é um instrumento de criação em consciências integradas;
* que a criação de uma forma concebida nesta condição interna é suficiente para a forma ser realizada;

* que tal conquista não é resultado de um esforço, mas de um estado do ser interior independente que não conhece obstáculo;
* que a realização, *acima como abaixo*, é um ato de amor;
* que isto se aplica tanto ao bem quanto ao mal, ou seja, ocorre tanto nas formas ou realidades que geram utilidade e prazer quanto nas que provocam dano e dor.

O homem tem grande responsabilidade por suas ações na sociedade em que vive. Ele é recompensado ou punido pela justiça humana. Mas o bem conhecido *Tribunal de Deus* de que falam os católicos realmente existe, porque toda ação da consciência de um ser vivo é causa de vida ou morte, e a justiça incorruptível do equilíbrio da Divina Providência recompensa ou pune, dá ou tira das vidas que seguem a vida humana e a sociedade dos homens.

Devemos prestar contas de nossos pecados, isto é, de nossas faltas, e quitar nossas dívidas. O ladrão deve reembolsar o homem de quem roubou. *Qui gladio ferit, gladio perit* [Quem com ferro fere, com ferro será ferido]. O cálice de Cristo deve ser bebido até a última gota. É assim que devemos entender o "olho por olho" dos livros sagrados.

Perdão é expiação.

A lei do destino é inexorável. Jeová, que é o Deus justo, Todo-Poderoso, é também o Deus do destino: *inexorável*.

Colhes aquilo que plantas.

Se pintares de preto, será o preto o espectro da justiça para ti.

Assim, a doutrina dos essênios, mistura de ciência judaica, caldeia e egípcia, injetada no catolicismo, não podia definir o perdão sem invocar o sacramento da penitência.

Penitência é expiação, purificação, limpeza de pecados antigos.

O homem cria sua felicidade e sua infelicidade.

O Karma é o fruto de todas as nossas ações: lei inexorável, inviolável. Todos os homens estão sujeitos a ela.

A eliminação do Karma no Budismo é alcançada por meio do jejum e abstinência, no Cristianismo por meio da purificação que trabalha para sua eliminação por meio da autocriação mágica.

O Karma é nosso trabalho, nosso mérito ou demérito, porque uma inabalável justiça reina de maneira imutável sobre todo o mundo animado e inanimado.

Toda ação, boa ou má, tem de dar frutos: nenhuma graça de um Deus pessoal pode livrar o malfeitor das consequências de seu crime.

O Karma não é uma força que opera de fora como um deus, mas uma força interior que opera continuamente sobre nós. Negar isso seria negar a causa da lei que produz o efeito.

Mas, na magia, admitir isso seria negar a ação criativa do pensamento humano em um homem que atingiu o estado de pura *mag* e se defronta com um homem impuro. Se toda ação é uma criação, uma forma, um arranjo diferente de moléculas de coisas que existem por si mesmas, um espírito puro pode purificar um espírito impuro por meio de uma ação criativa, destruindo seu Karma e dissipando suas larvas.

Por meio de uma ação de amor sincero e envolvente, o Karma é alterado pela força do envolvimento.

Daí a necessidade da magia para a autolimpeza, que qualquer discípulo deve realizar para a purificação de seu espírito.

Lembre-se, discípulo, de que, se na vida comum do homem, cada ação, cada palavra ou suspiro tem uma reação no mundo hiperfísico, na vida mágica dos iniciados, mesmo um pensamento fugidio é uma criação.

É por isso que a iniciação só é concedida em sua plenitude a homens da mais elevada moralidade, pois o perigo da prevaricação é assim reduzido. A responsabilidade do homem diante do invisível de sua vida orgânica é grande, mas a responsabilidade do iniciado é ainda maior. Os mestres são tão responsáveis quanto os discípulos quando estes erram, e são responsáveis pelas más ações dos discípulos se a punição que aplicam a eles não cai sobre eles como um flagelo, antecipando a inflexibilidade de Jeová.

Na magia, o discípulo e seu mestre são parceiros *corresponsáveis* em um contrato, como diria um advogado, e é grande a responsabilidade do mestre quando ele inicia nos altos segredos um profano que pode inconscientemente transgredir ou prevaricar em sua missão. Além disso, a iniciação direta é sempre algo doloroso, que os mestres evitam.

O perdão do flagelante por Cristo é uma imensa e gloriosa obra de caridade: quando o ato ofensivo não gera qualquer vingança do ofendido, a justiça divina é mais clemente. Mas o ultraje moral, a monstruosidade que algum lunático substitui pelo ideal da concepção mágica em suas operações obscenas, representa um flagelo, que tem repercussões no mundo invisível, sem qualquer esperança de perdão ou esquecimento.

Aquele que não é capaz de assumir total responsabilidade por seus atos é apenas um aprendiz e não pode ser iniciado.

Aquele, no entanto, que é capaz de assumir essa responsabilidade e pensa no mal, dá vida ao mal, é um monstro alucinado.

O homem completo, aspirando ao Reino Divino pela universalidade, é Buda; o homem se sacrificando à universalidade para alcançar Deus é Cristo. Paz e sacrifício, amor e virtude, o ideal e o bem, verdade e luz: esse é o trabalho mágico cuja realização estou apressando.

Converter esse amor em determinações de tempo, lugar e indivíduos é obra diabólica e Magia negra.

Não comece nenhum trabalho de magia que não venha de Deus.

Não opere sem a virtude da pureza.

Na medida em que você for puro e diligente, seu trabalho de magia será recompensado com um pleno cumprimento.

Ariel vem, inteligência, espírito, demônio – se é puro, forte, exuberante, poderoso, arrojado e vital. Como emanação da alta concepção que anima você, ele desce para ser incorporado em você; o braço dele é o seu braço, a mente dele é a sua mente, o coração dele é o seu coração. Você comanda e ele comanda, você pensa e ele pensa, você cria e ele cria.

Vire a ação pelo avesso.

Quer que *Ariel*, que é vida, criação, vitória e pensamento, desça e venha para atos perversos? Tem sede de poder e quer uma era de tirania para atacar? Invoque-o da mesma maneira. *Ariel* não virá. Quem chegará será o espírito da mentira; é a larva de sua maldade que ganha vida no delírio de sua paixão.

A prática mágica, baseada na inteligência infinita dos espíritos mais puros, opõe-se ao estado apaixonado do coração humano, que visa a atos perversos de egoísmo, separação e vingança. Todos os *espíritos* que falam com a mente de magos perversos são apenas larvas de paixões. Todos os *espíritos* que imitam o Pai Eterno nas comunicações com médiuns que fazem psicografia, que incitam o desprezo, a separação e o ódio são apenas larvas.

Quando as larvas se tornam monstruosas, chega Asmael, o anjo da punição, e quebra, despedaça, destrói... Caímos no pó e pagamos pela violação astral com a loucura e a morte prematura.

Agora vamos à prática.

Na magia natural, *Ariel* é o senhor dos elementos, assim como na magia divina, é inteligência e força.

A magia natural compreende todas as operações feitas pelas pessoas no mundo inferior, naquele mundo que os cegos acreditam ser inanimado e irracional. É natural, isto é, age sobre coisas *naturais* ou *criadas*, enquanto a magia divina age sobre o mundo divino, embora também possa ser aplicada ao mundo natural e criar a partir dele.

A confusão maior em geral acontece quando alguém confunde as duas partes da Sabedoria Arcana ou *Sabedoria da Arca*, sendo comum a suposição de que o Mago seja capaz de agir de forma intercambiável sobre as diferentes partes do Universo[*] através de meios idênticos.

Se aplicarmos ao homem tudo que já expliquei sobre o quinário e sua relação astrológica, a ação do mago torna-se dupla: comandar e

---

[*] Uni-verso, Uni-versus: escreva e leia as *letras*.

orar segundo *evoque* coisas criadas para si mesmo ou *invoque* poderes divinos para a criação.

Portanto, os dois poderes supremos das duas categorias de operações na magia.

Evocar significa chamar com a voz *para si mesmo*; *invocar* significa chamar com a voz *em si mesmo*.

Nenhum trabalho de magia começa sem invocação, nem deve o discípulo começar sua verdadeira iniciação sem invocar o *princípio superior* ou o *Cristo* dentro de si mesmo.

Sua invocação física deve corresponder à invocação de sua mente.

Sua invocação na forma de prece deve ser o sinal de sua ascensão e a esperança de seu sucesso.

As operações de iniciação divina para a ascensão espiritual começam sob a influência de *Ariel*. *Ariel* é a força e capacidade irradiadoras centrais; em linguagem mágica, ele é o anjo da guarda e guia.

Nesse ponto, acho útil que o discípulo, depois de tanta teoria, realmente tente, se sente vontade, começar. E, para afastar sua vida do mundo da profanação cega em direção ao mundo da luz e da força, ele deve praticar os 12 aforismos mágicos de Iriz ben Assir, um sumo sacerdote do período de Beroso. Esses aforismos de magia elementar nunca foram publicados no mundo ocidental e constituem uma parte dos livros iniciáticos do Rito Egípcio. Os neófitos desta ordem recebem os 12 aforismos e são aconselhados a decorá-los. Ao expor esses 12 aforismos, traduzindo-os do sírio hierático original – isto é, dos ideogramas do período em que o colégio dos sacerdotes orientais legou-os à posteridade –, adaptei-os ao universo das pessoas modernas e vou adicionar comentários com a maior clareza *que me seja permitida*. Através do estudo e prática das leis desses aforismos mágicos, que são uma síntese do que é necessário para se tornar sacerdote, o discípulo que me seguiu até aqui pode começar sua própria educação.

Os Aforismos

1º Aforismo

Uno é o mundo, uno é o homem e uno é o ovo. O mundo, o homem e o ovo dão três. Em cada *um*, vemos *três*; no mundo, no homem e no ovo, encontramos *três vezes três.*

Se quiseres aprender o segredo do ovo, pega *três*.

Se quiseres entender o mistério do homem, eleva-te a *seis*.

Se quiseres a intuição do grande arcano do mundo, sobe a *nove*.

Inspira e expira *três* vezes para conheceres o segredo do ovo.

Seis vezes para o mistério do homem, *nove* vezes para o arcano do mundo.

Então Ea (Jeová) criou primeiro o mundo, depois o homem, depois o ovo e ao último entregou o segredo tanto do homem quanto do mundo.

Assim, meu filho, o primeiro aforismo das coisas sagradas e ocultas está no número 369. Sem luz, sem ruído, sem qualquer pensamento que não seja um anseio por Ea, enterra-te vivo em uma caverna onde não entre luz terrestre, com os ouvidos tampados com cera de abelha e lã de cordeiro, e lá inspira e expira *369* vezes até veres o Mundo no Ovo de Ea.

2º Aforismo

Quando criou o mundo, Ea contemplou duas coisas, branco e preto, quente e frio. Sua respiração tornou-se fria e quente e ele deu seu sopro quente para o homem e o sopro frio para a mulher, porque o primeiro era para acender e aquecer e o segundo para aceitar e preservar; então tu, meu filho, assim que viste o mundo de Ea, "aprendeste" o que é a vida e como a vida é *soprada* do mundo de Ea para o mundo do ovo; e descobrirás que a vida das coisas masculinas não é a vida das coisas femininas, e que Ea soprou duas vezes apenas nas coisas que têm uma dupla natureza.

Assim, o segundo aforismo que deves lembrar é que não podes fazer uma obra divina sem um conhecimento da natureza da vida no ovo, no homem e no mundo de Ea.

3º Aforismo

Depois que aprendeste a inspirar e expirar, a distinguir a natureza da vida de homens e mulheres nas coisas do mundo de Ea, tens de aprender a soprar, como Ea fez no mundo, no ovo de coisas ainda não criadas. Em seguida, volta para teu sepulcro vivo, tampa de novo os ouvidos e, em vez de inspirar e expirar, sopra *369* vezes nas coisas que sentes, mas não vês. *Enquanto sopras, incha as bochechas, não inches a barriga, caso contrário o sopro vai voltar para onde se originou e vais morrer.* Se praticares esta regra, meu filho, vais descobrir como, soprando para o céu,* acendes o *fogo* (*pyr*).

4º Aforismo

Se aprendeste a conhecer o mundo de Ea, a vida da *dupla respiração* e a saber como acender, soprando (*insuflando*) o fogo no céu, tu te transportarás para a montanha mais alta de teu país *e sentarás no chão desnudo, com uma árvore frutífera à direita e uma semente à esquerda*. Soprando na árvore, vais secá-la como se ela fosse atingida pelo vento do Schen (o deserto) e soprando na semente vais refazer a árvore. Então verás uma serpente com duas cabeças brotar do chão e, com duas vozes,** ela

---

* Cielo (italiano), do latim coelum, significando o céu ou firmamento e o que está escondido ou oculto. (N. do T.)

** Isto é, com uma voz de cada cabeça.

te dirá: primeira cabeça, "eu sou a semente"; segunda cabeça, "eu sou a árvore". Então entenderás que as duas cabeças têm um único tronco, portanto a semente e a árvore são a mesma coisa. Aí secarás a nova árvore, bem como uma nova semente, e pedirás que Ea te ensine. Acende o fogo com tua respiração e Ea falará contigo das chamas.

5º Aforismo

Assim que Ea tiver falado contigo, o espírito dele, o gigantesco Egs (Áries) começará a agitar os ventos ao teu redor. Esses ventos são a fonte de seu poder, de sua força e de sua luz; mas cuidado para não te entregares inteiramente a eles, porque Ea e seu espírito Egs são mais fortes que tu, e morrerias se fosses alçado vivo para onde o homem não pode viver.

6º Aforismo

Constrói para ti um navio* com uma vela que o vento de Egs não possa rasgar e, assim que vires o vento ondulando as águas e as águas subindo para o céu, entra no navio e diz a Egs: "Leva-me para onde as águas não possam me alcançar". Então o volume das águas será aumentado pelos sete espíritos de Egs.**

    Fou – empurra
    Xi – redireciona
    Mne – sustenta
    Ag – conduz

---

*   A arca; aqui chegamos ao Dilúvio.
** No ideograma, o espírito está representado por uma pomba, da qual vem o Espírito Santo, ou a Pomba da Igreja Católica.

Mor – segura
Mō – ouve e fala
Rā – vê

No quadragésimo dia, sentirás o navio tocando a terra.

Mō dirá: "A água recua".
Rā verá o topo de uma montanha triangular.

Para conheceres a verdade, transforma-te então em um pássaro preto, voa e encontrarás os cadáveres e carcaças que te acorrentarão. Volta, então, em espírito para o teu navio, transforma-te numa pomba e agradece a Ea. Egs continua a girar e farás, a teu bel-prazer, as águas se avolumarem e retrocederem; conhecereis, então, o segundo espírito, Ise.

Minha prosa, quando parece obscura e quando não posso torná-la mais explícita, servirá como sinalizador no caminho misterioso daquele que pratica e que vai entender com o tempo, como e quando estiver nas condições que estou mencionando.

•—⋄—•

Primeiro, direi algumas coisas que são mais compatíveis com a era moderna e depois farei com que sejam acompanhadas pelos comentários de Bne Aagar (que talvez tenha sido um sacerdote de um período mais tardio que o de Beroso ou talvez, mais exatamente, o nome de uma escola ou seita).

Parece-me que escuto as pessoas dizendo: "Tu, Mestre Kremmerz, queres nos ensinar a prática por meio de seis aforismos tirados dos nove que prometeste, mas embora possas fazer extensos comentários sobre eles, estamos bem certos de que não nos darás, com a clareza que gostaríamos de ter, a explicação das obscuridades. Sempre nos remeterás a reflexões filosóficas, não à prática que gostaríamos de dominar para ver acontecerem milagres".

Respondo a isso resumindo em poucas palavras o que já difundi e repeti nas páginas anteriores com o intuito de advertir o público sobre verdades ocultas. Digo e repito para meu leitor e discípulo: "Se você acha que é possível absorver o *Secretum Secretorum* da Magia Universal lendo livros de filosofia ocultista, você está se iludindo: não perca seu tempo, inteligência e dinheiro. Para você, os livros de magia serão 'livros de poesia abstrata', cheios de horizontes azuis e de ilusões. Você nunca poderá colocar os pés na casa da verdade se não combinar o pensamento vago com a ação".

O pensamento é fé e é religioso.

A ação é mágica e é ciência.

Não acredite em algo apenas por ouvir dizer; não acredite em tradições que chegam a nós cansadas e distorcidas por línguas humanas; não acredite em algo só porque as pessoas falam muito sobre aquilo; você também não deve acreditar apenas por causa do testemunho de um homem sábio; não acredite em alguma coisa apenas porque há uma grande probabilidade de que ela seja verdadeira ou porque, graças ao hábito, você a considera verdadeira; não creia na autoridade exclusiva de seu mestre e sacerdote. Considere como verdade, e viva de acordo com essa verdade, apenas aquilo que as suas observações e a sua experiência provarem ser bom para sua saúde, seu bem-estar a para o bem-estar de outros como você.

A ciência hierática, estou dizendo, foi e é considerada pelos homens comuns como uma ilusão ou uma fé, embora para o iniciado ela nunca deva deixar de ser *consciência*. A fé cega está se apossando das massas e faz parte da religião do profano. Por outro lado, a fé como resultado de nossa própria pesquisa, depois que a pesquisa provou sua verdade, é ciência hierática e consciência sacerdotal.

Nunca digas "*Magister dixit*" [assim falou o Mestre], porque neste caso terás fé na ciência dele, mas não consciência, e teu dever ao se tornar um iniciado é conquistar e possuir consciência por meio de uma obra ativa, sob orientação do iniciador.

O homem que pensa, aspira, como o crente cristão que recita o Pai Nosso, pela vinda do reino do Pai.

O homem que pratica, realiza, como o *Pai*, a *obra do reino*.

Se quer de fato tornar-se um estudante de magia, meu leitor deve começar praticando (isto é, agindo) e, antes de agir, deve se educar e, antes de se educar, deve compreender.

Assim, *compreender, educar-se, agir*: aqui estão os três pilares para as primeiras práticas de magia.

Na primeira parte, expliquei como aquele que tem a sorte de encontrar um mestre pode receber dele em *vivissimo animo et brevi tempore* [de forma muito vibrante e em pouco tempo] tudo que pode ser útil para sua ascensão.

Para *entender*: no que se refere à apresentação dos segredos divinos, não tome as palavras literalmente, mas considere a intenção ou o sentido *por trás* delas. As parábolas de Cristo, assim como a história das migrações judaicas, estão cheias de lutas e regras nas quais o nome de cada homem expressa um espírito de ação e cada comando de batalha aponta para o conflito entre espírito e forma profana. Os anjos são taciturnos, mas ativos: falam muito pouco, mas suas ações falam alto. As ações são a obra de Deus, os feitos são a linguagem dos espíritos de Deus. Palavras, discursos, fala gramatical* pertencem à multidão e tornam os homens semelhantes a animais que precisam de suas vozes para expressar suas necessidades. É por isso que gramáticos, peritos em linguagem e discurso humanos, foram extremamente depreciados pelos

---

* *Grammata*, a palavra falada.

filósofos da Antiguidade que brotaram das escolas órfica e pitagórica dos templos consagrados à verdade.

O silêncio subjetivo, ou a ausência de fala, coloca o indivíduo fora de qualquer estagnação artificial de criações autônomas.

As palavras que pronunciamos são a confirmação de nossas próprias ideias, materializadas repetidas vezes por meio de sons articulados.

Pessoas que falam muito condensam conceitos que elas ainda não foram capazes de assimilar no plano físico. Aquele que não acredita, mas diz, acaba acreditando naquilo que diz.

A educação para o silêncio interior e pessoal é a melhor preparação psíquica para que o corpo mais pesado se separe dos três elementos superiores.

Não há iniciação que não comece com o silêncio: "Não fales do que saberás ou do que verás, e fica calado não apenas com tua boca, que é o órgão de transmissão do pensamento". A educação no silêncio, por irradiação mecânica, influencia a sensibilidade lunar da alma, que também aprenderá a ser silenciosa, como é silenciosa uma boca fechada.

Tudo deve estar em silêncio ao redor daquele que se propõe a conquistar uma reintegração para que sua inteligência solar se manifeste: você deve ser silencioso em termos subjetivos e objetivos, com a boca, em ação e em pensamentos, enquanto dorme ou quando acorda, pois aquele que fala cria e cada criação é um deslocamento da forma e, por conseguinte, uma ocultação da verdade amorfa primitiva, ou espírito da luz.

O discípulo deve saber como permanecer em silêncio e viver no meio da multidão que é facilmente influenciada, mas que não influencia o homem sábio, cuja alma tem de ser insensível a todas as palavras, ruídos e costumes, que são as principais influências sobre as pessoas. E isso não é tudo: ele deve manter silêncio com sua alma e obrigar todos os espíritos que falam com ela a ficarem também em silêncio.

Se o discípulo conseguir manter silêncio com sua alma e sua boca, e for capaz de viver isolado no mundo, completamente isolado em meio à triturante multidão que prega falsidades, ele ouvirá a voz do Mestre em seu espírito e não apenas no som.

O primeiro aforismo diz: *Uno é o mundo, uno é o homem e uno é o ovo. O mundo, o homem e o ovo dão três.*

Se *uno* é o mundo, o homem e o ovo estão no *mundo*. O *logos*, ou palavra da ideia absoluta, é único no mundo, no homem e no ovo.

Portanto, a mesma linguagem de fatos e fenômenos, que representa a série evolutiva da mente universal Única, inclui a linguagem de fatos e fenômenos das duas unidades da subcategoria:

Uno = o mundo
Uno = homem
Uno = o ovo

Mas isso não é o bastante: as leis explicando a primeira Unidade são análogas às outras; o ovo é o espírito porque é um *germe*, como o homem é uma criatura porque é o resultado do germe das leis da Unidade Universal, e o mundo é Deus porque ele é a linguagem da Mente Universal.

Quem quer começar a *entender*, quem quer se apoderar das primeiras chaves para o tesouro oculto das ciências que compõem o patrimônio dos Magos, deve se livrar de toda a bagagem de ideias profanas para, por meio de um processo sintético (e não analítico), entrar no mundo das causas, que é o verdadeiro e grandioso enigma dos mistérios sagrados.

Una é a lei, una a existência de todas as coisas, una é a matriz de qualquer forma perceptível e não há, fora dessa verdade simples, nada além de um raciocínio louco, surgido com a ideia de que o homem imperfeito deve esperar que tudo lhe seja dado pela graça e que a vida eterna dos espíritos ultrapasse o poder da matéria que é a única lei, a única essência, a única matriz do que existe, existiu e existirá para sempre na Terra e em todas as estrelas do firmamento.

Para aqueles que se preparam para a iniciação: *Una é a vida*; um quartzo, uma rosa, uma bela mulher, um homem hediondo são apenas produto do mesmo germe da vida do Universo.

O Universo tem uma alma? É a mesma alma que mantém unidos os átomos do quartzo, que colore e seca as pétalas de uma rosa, que faz uma mulher estremecer sob o espasmo do desejo e que torna um homem repugnante.

O Universo tem uma mente? É a mesma mente que se manifesta em diferentes níveis de inteligência, em minerais, vegetais, animais.

O que há para o homem comum, estranho à intuição da unidade Hermética? Nada, a não ser palavras.

O que há para o estudante de ocultismo? Só uma coisa: unidade na expressão mais abrangente dos fenômenos da natureza.

O primeiro aforismo declara esta lei como o axioma fundamental.

Esta é a chave para qualquer analogia na ciência do espírito e nas religiões. Se o discípulo *não compreende isso, nunca compreenderá* o que a astrologia representa para os magos e dirá que é uma superstição (isto é, ignorância que inspira fé, como Bonaventura Tondi escreveu no *Rivolus Sapientiae*, 1680); ele não vai entender o espírito da alquimia, nem o espírito das evocações, nem o espírito do amor universal e do ideal de unidade que aspira por Deus como retorno e como fim.

Mas você, *meu leitor*, tentará em vão entender, se quiser encontrar, expressa na gramática comum, a *intenção* clara que anima as exposições doutrinárias mágicas de homens que têm o poder de transmitir e preservar o segredo da ação – o Velocino de Ouro das viagens de Jasão, a Troia das guerras gregas e a construção de Roma (Urbis) da Latenda Saturnia!

Na magia, *entender* é *conquistar*.

Normalmente, os homens que têm o poder de perceber as verdades ocultas em exposições científicas da Magia (verdadeiros *poemas*, no sentido clássico da palavra) sentem-se impelidos à tentativa por uma dessas *luzes*, não devidamente apreciadas pelas pessoas comuns, que, segundo a época, tomam a forma de deuses, anjos, heróis e espíritos dos mortos. E a luz fala à mente do discípulo e lhe diz:"Experimenta, vê, toca e terás sucesso". Mas se a luz estiver ligada ao orgulho do homem, ela torna-se falsa e o homem entra no labirinto do minotauro, um beco sem saída, longo, sinuoso, no fim do qual há loucura, morte e dissolução.

Quantas pessoas começam de forma correta e terminam de modo desastroso quando estudam a ciência dos magos? Por quê? Porque pensam que compreendem, mas na verdade não conseguem entender. O mundo invisível fala a imutável linguagem das unidades, que essas pessoas não entendem: misturam-na com seu orgulho e caem na *geena* (*obscurissimi loci diaboli domum* [lar do posto mais sombrio do demônio], diz B. Tondi), de onde emergem completamente destruídas.

Orientalistas e teosofistas, pesquisadores de fórmulas e métodos estabelecidos de religião, têm afirmado de tempos em tempos que o orgulho é o princípio sobre o qual está baseada a ascensão mágica: o *ego* ou *logos* brota apenas da unidade inteligente independente e completa. Isto só é verdade na forma externa. Se refletirmos sobre o fato de que *todas as ordens religiosas e monásticas em todas as religiões do mundo estão, como uma natureza invisível, baseadas em hierarquia e obediência;* que os espíritos superiores, capazes de uma ascensão completa, apareceram e aparecem em todas as ordens das várias religiões; que, na *hierarquia* e na *obediência,* as unidades independentes são formadas sem desequilíbrio; então ficará claro que você está errado se pensa que, em Magia, pode separar irmão de irmão, companheiro de companheiro, discípulo de mestre, para criar a sinagoga satânica do desacordo e da divisão, gerando terríveis febres de ódio que impedem o progresso do espírito na mais alta área da verdade.

Leia a parábola do filho pródigo.

Ela se passa entre mestre e discípulo, como sei pela experiência. O filho pega a riqueza do pai e não hesita em desperdiçá-la em folguedos; supõe que pode encontrar em todos os lugares o que obteve de seu pai.

Uma bela manhã, quando o pretenso sábio menos gostaria de admitir, o pródigo tem de reconhecer que é menos que nada, que a riqueza se foi, que tudo se desintegrou ao seu redor.

A *Luz*, ou uma *luz*, surge na alma do discípulo e lhe diz: estuda, compreende, trabalha, ama; deves abraçar todo o mundo invisível e visível.

A *Luz* o impulsiona em direção a uma fonte onde ele pode matar sua sede por verdade. Ele se aproxima com apreensão; prova e diz, assim como o Deus bíblico após a criação da água: *Et vidit hoc bonum esse* [e vi que era bom]. A *Luz* então o conforta e ele se exibe nas águas azuis do lago. Então o orgulho do homem entra em jogo e o espírito da Terra, que a Bíblia simboliza na Serpente e que os cabalistas judeus simbolizam em Samiel e Astaroth, sussurra em seu ouvido com insistência: *navegarás em águas profundas, mas não te afogarás* – e o seduz.

O que forma a *unidade mental do Logos* no iniciado? A Luz divina ou o espírito da Terra? Obediência ou orgulho? O espírito do Universo ou o sopro da besta?

É por isso que, no atual estado de civilização de vários povos pretensamente civilizados, os homens realmente evoluídos são raros, exceto dentro das ordens mais austeras de distintas religiões. Na vida social profana, o homem não passa no teste da serpente da Terra e cai em suas mandíbulas.

A serpente tem a face de uma mulher ou de um belo rapaz; encanta quando fala.

Coloca-te para dormir ao respirar; deixa-te feliz quando silva. Mas mata, inevitavelmente, qualquer um que se entregue a ela de forma completa, perpétua, incondicional.

Os que estão começando têm uma falsa compreensão quando o espírito da Terra predomina neles. O que é essencialmente divino é o espírito de obediência e do amor.

Se refletirmos sobre todos os jogos de palavras e sofismas que o espírito individual do orgulho é capaz de fazer ao falar de obediência e de amor, entenderemos como é catastrófico forçar nossas próprias interpretações acerca deles.

E eu gostaria que meu paciente leitor *compreendesse plenamente – agora e sempre –* o espírito dessas coisas, que estou tornando mais simples para ele, para que ele possa comer as rosas e ver Ísis brilhando com beleza imortal.

●—◆—●

Educar-se e praticar: como você educa a si próprio e o que pratica?

Quando a educação do discípulo de magia não é iniciada ou concluída por um mestre, ela deve estar baseada na compreensão de símbolos e da ciência explicados acima. Se a compreensão estiver errada, a educação mágica também estará errada. Ela deve seguir tendências para a *unidade no discípulo*: isto é, seguir a síntese de suas aspirações e de sua potencialidade.

Como praticamos?

Aqui está o problema.

Vamos começar do ovo, ou do germe, e ascender para o mundo ou começaremos do mundo e desceremos para o germe?

Comece do germe espiritual e estabeleça um objetivo fixo e imutável; pense que você tem de alcançar esse objetivo, qualquer que seja, desde que seja honesto e ético.

Para estudar minuciosamente os meios para educar sua vontade, nunca mude seu objetivo. Você pode escolhê-lo livremente mas, uma vez feita a opção, jamais se afaste da meta.

Se você *entendeu* o primeiro aforismo, estude o germe. Eduque a si mesmo para sondar as profundezas desconhecidas do seu espírito para o sopro, que provocará a sua transformação – e a Luz aparecerá para você.

É um erro para qualquer um que esteja no início do processo querer ver o resultado das ações por ele realizadas da noite para o dia, mesmo que de uma forma muito superficial: esqueça isso. A percepção geralmente só chega após intermináveis e dolorosos anos.

Ensino a meus discípulos de Magia uma verdade que sempre se mantém imutável, em todos os países, uma verdade além das palavras: *não se engane; as palavras mudam como os humores das pessoas; curve-se apenas diante da verdade, seja qual for o nome dado a ela, seja lá como estiver sendo chamada; a verdade é uma só.* Jesus Cristo, consciência filosófica, o Eu Superior, Buda[*] são apenas o princípio divino em nós. Fale consigo mesmo e com Jesus Cristo, como queria Tomás de Kempis; procure o anjo contido em seu próprio corpo, como dizem os místicos. Para você não faz diferença, pois não são as palavras que criam a verdade; pelo contrário, a verdade é *traída* pelas palavras dos homens que, depois de traí-la, não são mais capazes de chamá-la pelo nome.

Vamos ler de novo o primeiro aforismo.

Uno é o mundo, uno é o homem e uno é o ovo; o mundo, o ovo e o homem fazem três.

O mago, portanto, deve perceber dentro de si mesmo as três partes componentes de sua individualidade:

---

[*] Pessoalmente, não acho que a civilização ocidental precise se envolver na terminologia sagrada e na teologia do Bramanismo Indiano para definir forças, inteligências e divindades que, no Paganismo Greco-latino e na Antiguidade Egípcia, encontramos representadas em símbolos que são mais poéticos e mais adequados às sensibilidades europeias. Se os europeus não desejam estender seus estudos além do conhecimento advindo de seus ancestrais, é suficiente que examinem, compreendam e expliquem o simbolismo católico, um estudo que vale a pena ser empreendido por todos os discípulos da Magia.

O *mundo* corresponde ao todo da sensibilidade humana, que está em contato com a sociedade exterior, ou profana.

Tomás de Kempis diz: *Ista est summa per contemptum mundi tendere ad regna coelestia*. Ou seja, despreza o mundo e chegarás ao Céu.

O que é este mundo que devemos desprezar?

Os sentidos: vaidade das vaidades, *vanitas vanitatum*, diz o monge oficiante. O mundo é a matéria, as sensações da matéria, a ilusão do eflúvio material, a sociedade humana espiritualmente não redimida, orgulho, ambição, satisfação dos desejos carnais. Este mundo do sacerdócio egípcio foi chamado na Idade Média de *mundo sublunar*, isto é, variável ou mutável como a Lua; só pode haver concepção imaculada se o mundo sublunar ou a Lua forem colocados sob os pés. Então, o mundo está dentro de nós: é aquela parte de nós que sente com mais força o eflúvio terrestre, é a parte mais terrena, mais socialmente brutal do *Homo sapiens*.

O *homem* corresponde à sensibilidade de segundo grau do indivíduo pensante. Além da sensibilidade física em indivíduos desenvolvidos – os pretensamente civilizados –, uma sensibilidade hiperfísica torna-se evidente. No indivíduo pensante, o homem se manifesta apenas como mentalidade humana, ativa na sociedade.

Tomás de Kempis diz: "Tenta, portanto, afastar teu coração das coisas visíveis de modo a desviar todos os teus sentimentos para o invisível". O *homem* só se torna manifesto em nós quando a mentalidade está avançada, isto é, quando a sensibilidade inferior desaparece. Aqueles que são reconhecidos como gênios pela sociedade contemporânea são apenas homens, mas homens mentalmente desenvolvidos e avançados. O intelecto tem sua explicação humana na sociedade onde vive como corpo, a sociedade que foi chamada *humanitas*, que vem de *humus*, "solo", a origem do termo *homo*. O segundo termo do primeiro aforismo mágico é feito de três termos, o mais elevado dos quais é ainda *humanus*, isto é, *terrestre*, embora pareça divino aos mortais.

Esses três termos da mentalidade são:

$$Homem \begin{cases} - \textit{Razão} \\ - \textit{Vontade} \\ - \textit{Inspiração} \end{cases}$$

A *inspiração*, que costuma ser considerada um princípio de manifestação divina na mentalidade humana, só o é, como eu disse, de modo aparente. Podemos falar de *inspiração*, uma espécie de entrelaçamento do espírito consigo mesmo e que, em vez de representar o termo divino encarnado no homem, representa a mais alta evolução da mente humana.

Essa inspiração humana na magia está representada pelo símbolo da Lua, pois assim como a Lua tem o poder de refletir a luz de Osíris sobre a Terra e, portanto, governar nosso mundo, então a inspiração humana vem como um raio refletido da verdade divina.

O estudante, que estuda o segredo da fonte da imaginação humana sob o olhar filosófico, pode suscitar uma aplicação muito sutil dos feixes de luz refletidos em nós por um espelho e tem a verdadeira compreensão da potencialidade lunar.

O que faz uma superfície de cristal onde é refletido um raio de Sol? Ela reflete o mesmo raio enfraquecido, oscilante e diminuído em uma direção diferente, proporcionando luminosidade, embora enfraquecida, oscilante e diminuída, a objetos antes invisíveis. Assim acontece com a Lua, à qual pertence a inspiração humana, que é a visão terrestre de coisas com uma luz que parece divina, mas que é humana.

Comparadas aos homens, as mulheres são lunares; comparado ao mestre, o discípulo é lunar; comparada à verdade absoluta, qualquer verdade relativa é lunar.

O ovo ou germe deve ser entendido como a mais profunda raiz da alma *conhecida* pelo homem; em outras palavras, é o Jesus Cristo de

Tomás de Kempis, isto é, o princípio mais elevado e puramente divino existente no homem.

Os meios são dois, e são vários os caminhos.

A vida ascética ou religiosa passiva é o caminho mais fácil e o mais longo.

A vida iniciática ou mágica ativa é o caminho mais curto, isto é, o mais rápido. Mas, na natureza, tudo é evolução e tudo avança por graus; celeridade não significa a supressão de estágios intermediários, mas sim a condensação de períodos. Consequentemente, maiores são as dores, mais sangrentas as feridas e muito mais afiada a coroa de espinhos.

Os teólogos ensinam aos católicos que o *Filho do Homem* sofreu as dores do corpo, mas que o Filho de Deus não pôde sofrer nem agonizar.

Mas o Filho do Homem acaba nos espasmos do Calvário, que trarão a ressurreição do Filho de Deus.

Este é o simbolismo do Domingo de Páscoa, que nos lembra dos símbolos que são mais antigos que o Saltério, como ovos ou cordeiros, mártires pacientes e inocentes de um profundo mistério evolutivo, cuja verdade e entendimento não ocorreram às pessoas ignorantes nos mistérios sagrados.

Não é possível que alcancemos a semente se primeiro não for destruído o *mundo* no indivíduo e não fizermos voluntariamente o sacrifício de amor da *alma* (homem) ao princípio divino. Uma vez entendido este princípio, não teremos dificuldade em entender o significado do sacramento da *Comunhão* de acordo com o ritual cristão ortodoxo. Os fiéis devem alcançar o conhecimento de Cristo; isto é, de acordo com o primeiro princípio, eles deveriam estar em contato com o *Eu divino* como *Verdade* e *Luz Absoluta* comuns a todos que acreditam em Cristo.[*]

Mas, na prática, meu querido discípulo, apenas poucos homens, que,

---

[*] Eu sou o caminho, a verdade e a vida.

acima de todo sacerdócio humano, já estão próximos do Nirvana que tanto assusta os individualistas, estão em contato com o *Eu divino* ou *Jesus Cristo*; é por isso que o culto teve de fazer *magicamente* uso da comunhão com o pão ázimo e a hóstia santificada para que o *mesmo Cristo* (do qual a hóstia e o pão representam a *materialização*), consagrado em um símbolo, possa ser recebido por todos os fiéis que, na verdade, ainda estão muito longe do *verdadeiro* Cristo.

●—◆—●

Para resumir, a forma trinitária é o fundamento dogmático da religião de Cristo em sua expressão mágico-simbólica do catolicismo; tudo isso é magia na doutrina e na prática.

O catolicismo divide o homem em três elementos:

1. Corpo.
2. Alma.
3. Espírito Divino ou Cristo.

O *corpo* é o mundo e é simbolizado pelo Diabo ou pelo domínio dos sentidos e paixões, o Inferno.

A *alma* é a mentalidade e é simbolizada na purificação gradual do homem pensante até o ponto mais alto de seu desenvolvimento, que corresponde ao *Purgatório*.

O *Espírito*, ou *Cristo*, é o Eu divino ou o Filho de Deus feito homem, sendo a visão dele a visão do Paraíso.

Deduzimos, portanto, que Inferno, Purgatório e Paraíso estão dentro de nós mesmos e que somos eternos na matéria, no espírito humano e no Reino de Cristo.

Os espíritas chamam esses três componentes do ser pensante:

1. Corpo.
2. Perispírito ou alma.
3. Espírito puro.

Mas a magia, em sua teosofia, que está sempre voltada para o ensino da verdade oculta no homem, declara que a predominância de uma dessas partes no homem pode se dar em diferentes níveis e diz:

O *mundo*, ou *corpo material*, que corresponde ao indivíduo menos desenvolvido é *instintivo*; corresponde a um indivíduo mais avançado *distinguir* o bem do mal pelas consequências que impressionam seus sentidos; e corresponde a um indivíduo ainda mais avançado o *raciocínio*.

Todos os modernos estudos sobre a criminalidade deveriam constituir o campo experimental para os três elementos materiais no corpo do indivíduo voltados para a sensualidade brutal. Todos os sete pecados que a Igreja Católica chama de *capitais* enumeram as diferentes formas instintivas da brutalidade do corpo humano.

A união sexual só se torna possível como um *sacramento*, ou seja, como a santificação do ato infernal cuja desculpa é a união de duas *almas*. Observem que não é a união entre *dois* espíritos, pois para os cristãos uno é o espírito de Deus, isto é, o Espírito Santo, e a encarnação do Espírito Santo é *Cristo*. A comunhão de duas almas em uma única alma unidas pelo amor é tangível em sua inspiração e gozo compartilhados do Paraíso.

Temos agora:

$$\text{I . O mundo} \begin{cases} 1 - \text{instinto} \\ 2 - \text{julgamento} \\ 3 - \text{razão sensorial} \end{cases}$$

II. Homem ou alma
$\begin{cases} 4 - \text{razão pura} \\ 5 - \text{vontade} \\ 6 - \text{inspiração} \end{cases}$

III. O ovo ou Cristo
$\begin{cases} 7 - \text{Logos, a palavra encarnada} \\ 8 - \text{Espírito universal} \\ 9 - \text{Deus-homem} \end{cases}$

Nesta síntese concisa, muito breve, podemos ver os três números três do primeiro aforismo mágico e todos entenderão esses nove passos no caminho para divinizar o homem, uma divinização que não é alcançada no período de tempo de um curso universitário ou de um curso secundário, mas durante um longo período de muitos anos em que o indivíduo se eleva acima do mundanismo e da humanidade.

●—❖—●

Em resumo: muitos médiuns espíritas que acreditam que estão em comunicação com espíritos que já desencarnaram estão, com muita frequência, no máximo, em contato apenas com a *inspiração* (nº 6) do estágio alma e, com frequência, falam apenas com sua vontade, agindo de modo inconsciente sobre a *inspiração*.

Quanto aos sonhos: todos os sonhos comuns de origem sensorial pertencem ao mundo; *sonhos simbólicos* pertencem à zona lunar, ou inspiradora, e devem ser bem interpretados para compreendermos sua verdade.

Apenas o iniciado superior e certos santos (não todos) têm a prerrogativa de falar a linguagem da verdade com o princípio superior do Eu divino e de saber *o que é* essa verdade.

Seja como for, certos homens que ainda não alcançaram um nível muito alto de desenvolvimento podem ter, em sonhos, pela *graça* verdadeira ou pela virtude eficiente da vontade divina, o vislumbre inspirador, sem símbolos, da verdade; mas tanto esses sonhos quanto esses homens são raros, e são essencialmente proféticos.

Para resumir, mais uma vez: a fim de praticar a vida mágica, você deve ter um objetivo definido na sua frente. Diga a você mesmo: "*Quero ciência*" ou "*Quero virtude*" ou "*Quero riquezas*" e tente vincular seu ideal a um dos três elementos mágicos do primeiro aforismo.

A ciência pertence ao princípio divino, a virtude pertence à mentalidade e as riquezas pertencem ao mundo.

Você alcançará a ciência evoluindo para seu princípio divino mais elevado; a virtude, praticando-a; e as riquezas... dominando-as.

Permita-me uma digressão.

Muitas pessoas querem estudar magia para adquirir riquezas. Na verdade, o segredo para tornar-se rico é o mais fácil de todos os segredos.

As riquezas representam abundância além das necessidades do indivíduo: entre um filósofo que se alimenta de migalhas de pão e vive em um barril e um milionário que trabalha e rouba seus semelhantes para aumentar o patrimônio, o filósofo é o mais rico.

Antes de desejar riquezas, é preciso esclarecer o que se deseja: queremos riquezas para satisfazer necessidades vitais? Tal satisfação só é recusada para aqueles que têm de expiar erros e pecados ainda não purificados. A providência é uma verdade experimentada por todos os homens justos, pacientes e fiéis.

O Senhor governa seus filhos com dois anjos: um traz pão, o outro mel. Que o homem justo que está sem pão em um local onde pessoas farristas e ricas se divertem nunca pronuncie a maldição: "Deus se esqueceu mim". Que ele faça uma prece e terá o que precisa. Se o alimento demorar a chegar, é porque havia uma razão providencial para fazê-lo experimentar as pontadas da fome. Deus não esquece o que tem de ser feito, e o espírito de Deus em nós só é surdo quando o enterramos sob nossas mentiras.

O discípulo da magia *não deve* expressar desejos em suas orações; desejar é contrário a todas as realizações mágicas. É dessa forma que os falsos adeptos da magia morrem em desespero, sem graça e sem virtude, porque *desejavam a graça antes de obtê-la.*

O discípulo da magia expõe sua necessidade a Deus e pede que ela seja atendida *se for isto a coisa certa a ser feita*. Não tens pão; não tens um teto; talvez esteja escrito no princípio de absoluta justiça que você deve passar fome para se redimir.

No início de *Il Mondo Secreto*, fiz uma advertência para que não confundíssemos religião passiva com magia ativa. A prática da magia é a aplicação científica da teoria religiosa que alimenta as massas: somente aqueles seres capazes de dominar a maré de passividade, simbolicamente representada pela Lua, podem ser designados para a magia, por meio da virtude (*vir:* homem ou ativo).

A prática mágica – venho repetindo isso com muita frequência – pode ser seguida por aqueles cuja natureza é positiva em termos aristocráticos, por aqueles com uma determinação férrea ou por pessoas que querem e sentem que é possível ter êxito não orando a Deus, que é algo que todo mundo faz, mas identificando-se com a natureza divina, ativa, e fundindo-se com sua própria vontade, iluminada pela justiça.

Nem todos têm a perseverança necessária para esta segunda autocriação, ao longo do período de uma vida terrena, por meio das práticas sábias da magia; na realidade, só algumas poucas pessoas são capazes de trabalhar em nossa arte de modo incessante, durante o longo período de uma existência, sendo guiadas pelo instinto para a investigação a respeito da transformação, de modo a preparar não apenas sua ascensão espiritual, mas também a continuidade da sua própria existência.

As forças ocultas que vivem em nós, integradas aos poderes que pertencem essencialmente à nossa natureza animal, assim como acontece com os músculos do corpo, ficam atrofiadas se não forem desenvolvidas e tornadas flexíveis pelo exercício.

A vontade que dirige essas forças é um reflexo da centelha divina que é nosso intelecto.

Há uma diferença enorme entre magia e religião.

Estou falando para aqueles, isto é, para estudantes jovens e inteligentes, que não ficarão escandalizados e confusos se eu disser claramente que a magia é *a arte e a ciência de tornar o homem ativo um deus e de não obrigá-lo a sofrer o refluxo e o fluxo das inconstantes marés da Lua religiosa.*

Que ninguém que me ouve fique surpreso: essas palavras, que podem parecer ousadas no momento em que as escrevo, viverão por muito tempo, e as ideias que estou semeando darão seus frutos quando for chegada a hora.

O livro *Il Mondo Secreto* pode terminar. Posso parar de escrever e retornar ao reino dos Céus, mas *nenhuma sílaba desta verdade será revogada*! E os quarenta séculos que nos separam dos templos de Ur, Babilônia, Assíria e Nínive nos legaram a verdadeira doutrina do sacerdócio político para a ressurreição dos mortos julgadores, quando as massas, por conta de suas imperfeições psíquicas e falta de evolução, ainda não poderiam sequer aspirar a saber o que os sacerdotes estavam fazendo nas profundezas de seus laboratórios sagrados.

Não há nada de novo sob o Sol, mas o novo elemento no mistério desta verdade, que não pode ser reportada a naturezas imperfeitas neste período, que prepara séculos melhores para a humanidade em transformação, é a divulgação de um dogma que é verdade; a novidade reside na percepção desta verdade por pessoas de diferentes origens e naturezas, experiência e antecedentes, traços de caráter e opiniões.

Estamos próximos da grande revolução científica pela qual cientistas incrédulos, pesquisadores de bactérias, não esperam. Estamos em um momento psíquico do desenvolvimento da humanidade em que a memória de tantos séculos, adormecida sob o sepulcro do esquecimento, está despertando a consciência das massas. Estamos tocando a trombeta, que fará soar a chamada apocalíptica dos espíritos eleitos na memória da consciência anterior e o Sol brilhará na alma da natureza do ciclo psíquico e o reino de Cristo será uma coisa do passado.

Unir em matrimônio as duas serpentes, a invisível, que representa o sentido hermético em sua integração, à visível, que se deriva da pesquisa profana para a conquista do conhecimento humano, é uma tarefa formidável que assume o aspecto vago e nebuloso da utopia.

Não estou revelando um antigo segredo; estou apenas estabelecendo um programa de pesquisa e de dissipação das nuvens que cobrem a simplicidade da fórmula.

O Messias que deve chegar no início do século XX é o elo que vai unir fé e ciência e dar à ciência a direção da fé das massas.

Não posso modernizar inteiramente velhos termos mágicos. Esse será o trabalho de outros que virão depois de mim. Eu me comprometi, isso sim, a difundir a notícia de que a magia dos magos incluía todas as leis absolutas, isto é, as leis esquemáticas da ordem material e espiritual existente, e que sua prática criou o sábio ou mago.

Para fazer isso, não posso prosseguir sem ilustrar as antigas fórmulas e sem usá-las. Estou dando um passo à frente: estou tentando reunir, em torno dessa ciência, alguns alunos que não sentem o desejo urgente de negar qualquer coisa *a priori*.

Uma vez que a Escola (não uma seita, porque a Ciência não é uma conspiração) foi estabelecida, o João Evangelista dela virá depois, mas ele terá que dizer: "Somos filhos dos magos e a magia era a sabedoria da Arca; a verdade, portanto, é una; estamos retornando ao conhecimento antigo usando novas formas".

Não posso dizer mais do que isso, porque fazê-lo significaria revelar a meus leitores a fonte secreta de meu conhecimento, que só deve ser conhecida pelos iniciados na verdade oculta dos templos científicos da sociedade contemporânea.

Contudo, o que declarei até agora, o que expliquei, deve deixar claro para os leitores que há outras coisas escondidas sob o véu científico de estranhas linhas de pensamento, que vão além do espiritismo comum em sua revelação das almas poéticas que, no limbo, vagam à espera de um médium que permita com que falem com seus parentes ainda vivos.

Para continuar com os comentários sobre os aforismos de Iriz ben Assir, devemos entender que, como é dito no primeiro deles, o criador é Ea, e que o discípulo da ciência sacerdotal só pode encontrar e começar sua educação totalmente mágica e ativa no número 3, o *ovo*.

Este *ovo*, como eu disse, corresponde ao Cristo dos religiosos católicos, mas a busca por Cristo não é a busca por um estado do Espírito, como ensinado pelos propagadores budistas de doutrinas insuficientemente explicadas, mas um complexo de relações conectadas à manifestação do *terceiro estado* do ser encarnado.

Esse terceiro estado é atingível e possível de ser conquistado; mas o local onde o trabalho se torna titânico é na ascensão do número 7 ao número 9 do espelho da verdade que apresentei na página 180. O neófito sem medo, sem tremor, sem terror, com uma vontade para alcançá-lo muito poderosa, passando pelo cemitério infinito das paixões e tristezas humanas, chega aos portões do complicado Logos (nº 7) e acredita que é um deus, quando na verdade encontra-se apenas no limiar da divindade.

Uma bela saga oriental fala de Etana,* que fez um pacto com a Águia do Deus Sol segundo o qual ele seria transportado para o céu de Ana.**

Então, abraçando a Águia, Etana subiu para o espaço. E eles alcançaram o céu de Ana. Etana não queria continuar: a Terra parecia um pontinho no espaço, o mar era como um riacho. Mas a Águia recomendou que continuassem subindo para visitar a Estrela da Manhã (a deusa Vênus) e retomou seu voo. Quando estavam prestes a chegar, Etana olhou para baixo e disse: "Pare, não posso continuar"; então o pássaro divino desceu de imediato... mas Etana caiu morto porque sua energia masculina o havia abandonado.

E assim o neófito é apenas um mago aos pés de Ísis depois de ter comido as rosas que adornam o velho Apuleio em seu burro reumanizado.

Mas no primeiro aforismo é dito que Ea fez o mundo primeiro, depois o homem e depois o ovo; isso esconde não o sistema de criação, mas a fase de desenvolvimento da Inteligência Divina no corpo animal. *Inspire e expire três vezes*, diz o primeiro aforismo, para conhecer o segredo do ovo. Este *inspirar* significa puxar o espírito para dentro de nós, *exalar* significa soltá-lo; é uma forma radicalmente oriental de expressar o ato de atração e repulsão da geração do princípio inteligente.

Mas o segundo aforismo sugere e desenvolve o método de criar potência mágica.

Ao criar o mundo, Ea considerou duas coisas (diz Iriz ben Assir), *branco e preto, quente e frio, e sua respiração tornou-se fria e quente, e ele deu o sopro quente ao homem, o sopro frio à mulher*, e assim por diante.

1. Existe uma diferença essencial entre *vida ativa* (masculina) e *vida passiva* (feminina)?

---

*   Os orientalistas leem nossos hierogramas erroneamente. Eāt: t, a letra final do hierograma, representa Eā morto, isto é, caído.

** Santa Ana, a mulher que, sem menstruação, deu à luz a Virgem Maria, que, por sua vez, foi mãe sem a participação de um homem!

2. Já afirmamos que os dois tipos de vida são diferentes, já refletimos sobre isso. Pode uma mulher se tornar um mago?

Vou responder brevemente, mas o que vou dizer não poderá ser entendido com clareza por todos em seu real significado e em sua aplicação prática. E estou me referindo ao que já disse na primeira parte.

1. A corrente vital *una* se divide e se torna realidade separadamente.
2. Tanto homens quanto mulheres podem se tornar magos poderosos se os homens despertarem as faculdades femininas em si mesmos e vice-versa.

Quanto à ideia do *sopro de vida*, como usada no segundo aforismo, o *sopro*, aqui, é tomado como símbolo de emanação. Bem-aventurados aqueles em quem Ea soprou duas vezes. As duas almas no mesmo indivíduo se entrelaçam no amor, como as serpentes no caduceu de Mercúrio, e cantam a fecundidade divina.

A partir daí podemos entender o que os antigos sacerdotes iniciados tinham em mente quando disseram ao discípulo: "Enterra-te vivo com os ouvidos tapados com cera de abelha e lã de cordeiro num buraco onde nenhuma luz mundana possa entrar, e então inspira e expira até alcançares a visão do mundo de Ea". No exercício muito poderoso de atrair e repelir o espírito do mundo, são despertadas as virtudes silenciosas e adormecidas das forças acumuladas e reproduzidas na vida universal.

Isolamento, aprimoramento moral, o despertar de nossa natureza oculta, escondida: esta é a tradução simples, feita em termos literais, da doutrina sacerdotal.

Um homem perfeito em termos científicos não é nem todo corpo nem todo espírito, *mas a integração dos poderes do espírito no corpo que o alimenta e que serve a todas as suas manifestações. É mantido um equilíbrio constante, de modo a proteger a unidade do indivíduo de qualquer prevaricação dos dois fatores que o compõem.*

Falando mais claramente: um homem que vive em um estado de exuberância da alma é imperfeito, tão imperfeito quanto um homem que vegeta por afogar na carne os direitos da alma.

É necessário compreender aqui a constituição do homem. O homem deve ser considerado um ser que contém em si os quatro elementos que constituem o Universo:

1. Um corpo sensível e sólido (carne, ossos, tecidos).
2. Uma emanação mais sutil derivada do elemento acima, compondo sua sensibilidade inferior (nervos, centros nervosos, cérebro).
3. Uma individualidade mais completa derivada das duas anteriores, que constitui sua mentalidade (homem mental).
4. Um luminoso princípio intelectivo, que participa da vida universal, sendo, portanto, uma fonte inesgotável de vitalidade, tanto espiritual quanto física.

Os nomes dados pela magia a esses quatro elementos constituintes são tradicionais e emprestados da mitologia:

1. Corpo *saturnino*: come, consome, se renova e se reproduz.
2. Corpo *lunar*: reflete o de cima, assim como a Lua reflete a luz do Sol.
3. Corpo *mercurial*: a individualidade resultante: homem mental com asas na cabeça e nos pés.

4. Corpo *solar*: a individualidade divina que não se manifesta para o homem, exceto através do corpo mercurial, que, por sua vez, se manifesta para o corpo lunar, enquanto este último se manifesta para o corpo saturnino.

O discípulo deve compreender que esta divisão é feita para que entendamos uns aos outros em termos concretos, mas isso não existe de fato no homem, porque esses quatro corpos estão de tal forma inter-relacionados que cada célula, cada átomo do corpo físico humano contém os outros três corpos de forma rudimentar ou atômica.

Portanto o homem, em sua unidade e síntese, é o resultado de dois extremos: o *corpo físico saturnino*, que absorve a educação e os modos de vida que estão mais próximos dele da terra e das sensações puramente físicas com as quais está em contato; e o *corpo solar*, o polo oposto, que participa da vida mais elevada não só da Terra, mas de todo o Universo, composto dos mundos infinitos que constituem os sistemas planetários conhecidos e desconhecidos pelos astrônomos.

Ideias humanas (*humus* = *terra*) ou terrestres dos sentidos físicos passam para o depósito dos centros nervosos através dos nervos, que são os veículos da sensibilidade saturnina.

As ideias e o conhecimento divino (Deus ou Zeus, o raio), isto é, as ideias do vasto e grandioso campo desconhecido do corpo saturnino, chegam até nós vindos da individualidade superior ou solar, por meio da mente ou do mecanismo mental e mercurial.

Se as sensações mais baixas dominam, é interrompido o caminho para as percepções mais altas e vice-versa; se o princípio espiritual solar ou divino domina, o corpo saturnino é insuficiente para preservar as funções da vida física.

O equilíbrio dos quatro elementos é representado como uma personalidade verdadeira e real, que participa tanto da vida terrestre quanto da vida universal, e que corresponde ao Cristo dos católicos, ao Hermes dos gregos e ao Mercúrio dos filósofos.

Portanto, a integração humana começa a aparecer e a progredir passo a passo à medida que Hermes aparece e progride no homem.

Hermes, portanto, é uma entidade divina se você considerá-la como o tipo mais perfeito de equilíbrio entre os dois binômios:

$$\frac{Saturnino}{Lunar} \quad Hermes \quad \frac{Mercurial}{Solar}$$

Isso corresponderia ao estado de luz beatificante e equilibrado que nos predispõe ao conhecimento dos segredos de tudo que existe.

O sacerdócio mítico dizia que Mercúrio, ou Hermes, nasceu de Maia, a filha de Atlas e Pleione (que queria descobrir o segredo do Olimpo), e Júpiter (o rei do céu) para indicar a participação da mente hermética nos dois extremos. E dizia também que o Deus supremo, isto é, universal, deu-lhe asas na cabeça e nos pés para que ele pudesse executar com rapidez suas ordens no Céu e na Terra.

Isso significa que esse estado de lúcido equilíbrio mental (hermético e mercurial) tem uma origem divina e uma origem terrestre, mas atua na divindade incompreensível para as multidões comuns e na vida prática da Terra.

O discípulo, portanto, deve entender Hermes como a fonte da ciência pura, integradora e infalível, porque enxerga no finito relativo e no infinito absoluto.

Não vamos nos confundir: eu não falei em quatro partes, mas em quatro corpos, sendo cada um deles a sublimação do mais baixo, que é Saturno, o pai de todos os outros.

É por isso que tudo vem do mundo da matéria.

Nossa escola hermética procede de baixo para cima em sua análise, da *matéria para a luz*, que é a matéria no estado de vibração; da *matéria ao magnetismo*, que é o potencial específico de sua atomização; *da matéria ao transe*, que corresponde ao estado passivo de consciência para a libertação da divindade [*Nume*], que é a intensificação da Luz.

Nosso organismo, portanto, não tem partes além das divisões anatômicas, mas seus componentes são *corpos* de uma natureza elementar e complexa, de modo que cada átomo, molécula ou célula inclui especificamente esses *corpos* que são saturninos em sua origem e, em seu estado de transformação, são lunares e mercuriais, evoluindo e sublimando até o corpo vibrante da luz, que é solar.*

O corpo lunar, concebido como uma personalidade fluida, de uma matéria mais leve, contendo os outros dois princípios superiores (corpos solar e mercurial) e que pode se separar do corpo físico, seria semelhante a um anjo/homem (*angelus* = mensageiro) capaz de se deslocar sem precisar de um corpo físico.

O corpo lunar é a parte superior do corpo material e a parte inferior da mentalidade, ou espiritualidade, do homem.

Nas relações da vida corporal, o corpo lunar é usado para receber as impressões do corpo exterior e mais grosseiro, para expressar a nós mesmos com uma palavra conhecida, e é formado pela parte menos sensível da natureza inteligente e pela parte mais delicada do corpo físico: é o canal nervoso ou o canal da força muito sensível em qualquer organismo animal. É moldável e, portanto, adequado a todas as formas possíveis.

É extremamente sensível e, por isso, suscetível às mais sutis flutuações da vontade.

Sua plasticidade, combinada com um grau muito elevado de sensibilidade, torna-o mutável e ativo como receptáculo de tudo que age

---

* Nota de Hahajah, extraída do apêndice de *Opera Omnia* por Giuliano Kremmerz, vol. 3, *La Scienza dei Magi* (Roma: Edizioni Mediterranee).

sensivelmente sobre ele; e nele todas as impressões sensoriais param e deixam sua marca.

Todas as impressões de uma origem sensorial ultrapassam o corpo saturnino e, de forma constante e contínua, se refletem sobre o corpo sideral, que também é chamado Cristo (como em *ichthys*) e cordeiro de Deus em virtude de sua mansidão, pois, assim como acontece com o cordeiro, podemos fazer o que quisermos com o corpo sideral.

Sua plasticidade, sua sensibilidade a impressões, é milhões de vezes mais delicada que a sensibilidade das chapas fotográficas mais sensíveis.

Isso explica, como podemos aceitar sem medo de errar, tudo que o ascetismo atribui a ele: "Está em ti, ele vê, sente e lembra tudo; guarda tudo para o dia em que serás julgado".

O corpo sideral reúne todas as impressões dos sentidos; separa, mistura e as devolve conforme solicitado, assim como os negativos fotográficos permitem que sejam feitas cópias de diferentes tamanhos. É a fêmea do corpo físico, ou seja, recebe do corpo físico imagens do mundo físico por meio de sensações. Imagens essas que conserva, adota, nutre e devolve para o corpo físico, de um modo oculto. Este, esquecendo que as criou, aceita-as e se torna seu representante.[*]

O sistema nervoso do organismo humano (matéria lunar) é o delicado intermediário entre a inteligência (matéria mercurial) e o mundo exterior; por meio dele, são possíveis manifestações verbais, fônicas, escritas ou desenhadas. Toda a parte essencial do homem é encontrada ali, na sensibilidade dessa matéria lunar e pré-mercurial que constitui nosso ser. É um filtro das influências de energias naturais; é uma peneira fina que, selecionando as impressões de forças externas, leva-as ao cérebro em uma forma modificada.

---

[*] Nota de Hahajah, extraída do apêndice de *Opera Omnia* por Giuliano Kremmerz , vol. 3, *La Scienza dei Magi* (Roma: Edizioni Mediterranee).

Pureza mágica, ou hermética, mas não pureza religiosa, é a neutralidade consciente e inalterável que mantemos com relação a nossos semelhantes. Um homem que, no auge de seus poderes perceptivos, consegue ser *neutro*, que consegue, portanto, manter a consciência serena, íntegra, separada das sensações e pronta para julgá-las sem qualquer tipo de favoritismo, seja ele qual for, eleva-se acima do nível da multidão humana.

No homem comum, o princípio intelectual puro (Sol) está encerrado no corpo mercurial, que por sua vez está contido em uma casca lunar, que só é mais corpórea e sensível às ações volitivas do corpo físico; um tipo comum que, não tendo desenvolvido sua inteligência pura, curva-se diante de um deus fora de si mesmo, isto é, diante de vozes, sons, movimentos que o corpo apreende fora e não dentro de si.

Na sociedade profana, são seguidos dois deuses: o deus instintivo, individual, de nossa animalidade básica, e aquele que fala por meio de bocas de outras pessoas, isto é, em ideias (científicas, religiosas, morais e assim por diante) recebidas. O que é silencioso no homem vivendo em sociedade é simplesmente o deus solar, que, ao ver que a aliança havia sido rompida, escondeu sua face.

Um homem comum é sensível, em maior ou menor grau, a impressões sensoriais vindas de fora, o que significa dizer que ele às vezes está mais disposto a refletir de acordo com sua constituição. O mesmo homem, no mesmo dia, está em diferentes condições de consciência física. O estado de perfeito domínio do próprio ser não é constante no mesmo indivíduo, seja qual for. Particularmente, o desejo e o estado de concupiscência rompem a normalidade pura da consciência, tornando-a sonolenta e fazendo-a dormir.

Despir-se da contemporaneidade do próprio ser é uma tarefa muito difícil de ser cumprida; mais para os cultos do que para os incultos, pois os últimos não enfrentam uma abundância de sentimentos fascinantes e deslumbrantes; neles, os modos mais antigos predominam com mais facilidade. A purificação sacerdotal imposta ao neófito era apenas esta limpeza da consciência daqueles que aspiram à luz, eliminando qualquer influência da multidão.

Somente àquele de consciência pura é concedida liberdade de ultrapassar os limites relativos de tempo e espaço, e meu presente comentário deseja indicar, como única preparação para esta liberdade, o estado de consciência purificada, que é a chave do Portão Hermético.

Prece, castidade, jejum, coisas sobre as quais já falamos, despojadas de qualquer ideia mística, contribuem *para a liberação gradual do corpo lunar, que é a sede do astral dos Magos, das impressões sensoriais vindas do corpo saturnino. E isso não acontece porque as impressões sensoriais não sejam mais registradas quando chegam ao corpo lunar, mas porque sua recepção não é mais seguida por uma perturbadora ressonância nas esferas afetiva e emotiva.*

Com a conquista de um tal estado de liberdade, nosso purificado corpo lunar (a "Maria" dos católicos) não será mais o eterno campo de batalha entre ação e reação, e só então será possível começar a ouvir a "voz interior" que, nesse momento, está falando, sem ser escutada, em cada um de nós.

Os ritos de purificação têm sua razão de ser em seus efeitos. A iniciação começa, de fato e não só em palavras, assim que o homem comum começa a ouvir a voz interior, o Cristo, o anjo, o gênio.

●—◆—●

Agora, o capítulo de Ariel está chegando ao fim, e o único modo de resumir o que eu disse, ou sugeri, sobre o Ariel oculto é resumir as leis que nos permitem ter acesso à força em magia, leis que podem ser aplicadas à educação mágica do discípulo.

O Catecismo dos Primeiros Estágios da Magia

Aqueles que querem ser bem-sucedidos têm de manter silêncio, mas devem operar enquanto mantêm o silêncio.

Operar é agir.

Agimos sobre coisas que parecem inanimadas e sobre seres animados visíveis e invisíveis por meio de três fatores:

1. Vontade.
2. Ciência.
3. Equilíbrio.

1. Ritos e Vontade

Para o discípulo, os ritos são como instrumentos mágicos, chave para qualquer magia que se desenvolva; portanto, os ritos contra os quais todas as pessoas ignorantes se rebelam são os recursos mais poderosos para educar e direcionar a vontade, para reservar o lugar da ciência em quem não tem ciência nenhuma, para gerar equilíbrio naqueles que estão sujeitos às paixões.

Narrativas religiosas completas são mantidas vivas por ritos cheios de sabedoria, cujas chaves de acesso, muitas vezes – com muita frequência –, foram perdidas pelos sacerdotes. Se abolirmos os ritos nesse cenário de perda de consciência sacerdotal, destruiremos a religião.

Um rito e uma fórmula ritual não obedecem magicamente à personalidade consciente do operador; obedecem à consciência privada do indivíduo, isto é, à consciência oculta do indivíduo integral.

Se não houver homogeneidade entre a consciência oculta e a consciência normal, o efeito do rito, embora seja uma contribuição inegável à cadeia da *Schola*,* está com frequência em contradição direta com os desejos expressos pelo praticante.

Na magia, a prática de um rito é, por si só, um arcano porque aquele que o cumpre deve ter vontade e, na magia, o significado hermético da palavra *vontade* não é o que em geral entendemos que seja.

Daí muitos erros de interpretação, muito desânimo, muitíssimos equívocos. O exercício da vontade humana reside no domínio específico da paixão impulsiva que assume, com frequência, a forma de raciocínio lógico; assim parece que, quando desejamos algo que parece natural, tal desejo envolve todo o nosso ser, quando na verdade foi apenas nossa consciência inferior, relativa, que se deixou intoxicar por ele.

A vontade tem um potencial mágico real quando é a expressão predominante de nossa consciência oculta ou quando a personalidade externa concorda com o indivíduo oculto dentro de nós.

Naqueles que agem de forma mágica, é possível observar a mesma coisa que podemos observar nos médiuns. Neles, o estado de transe, quando é profundo, mostra com frequência uma personalidade oculta em contradição direta com a personalidade visível.

A integração do homem começa quando sua personalidade consciente coincide com a consciência do homem oculto e histórico.

Os que não compreendem isto não devem perder seu tempo tentando praticar magia, porque estão destinados ao fracasso.

Uma prática mágica difere da prece religiosa no sentido de que a primeira tem de encontrar seu poder volitivo na vontade interior e acentuar o valor da imagem (*imago = in-magus*), enquanto a segunda vem da consciência exterior que acredita no que está acima e no que não vê.

---

* Kremmerz provavelmente refere-se aqui à escola ou à ordem hermética. (N. do T.)

Educar a vontade é dirigi-la, substituir a ciência é gerar: não é possível obter um equilíbrio ativo sem o método mágico.

Regnum regnare docet [o reino ensina a governar]: operar é aprender agindo. Vamos para a guerra primeiro como recrutas e depois como veteranos, mas, quando já somos veteranos, podemos mostrar as marcas dos ferimentos sofridos quando éramos recrutas.

2. Vontade e Desejo

A fim de se iniciar na prática da magia, devemos determinar com clareza nossa vontade e nosso propósito.

Querer e saber querer é um grande segredo.

Aqueles que querem e não sabem como querer não são mágicos nem nunca se tornarão magos.

Querer não é desejar. O desejo mata a vontade. Basta o desejo sem o querer para destruir qualquer trabalho de magia.

3. Vontade e Invocação

O anjo da vontade é *Ariel*, energia ou vontade, porque a força mais poderosa é a vontade de um homem que sabe o que quer.

Sem querer me repetir, digo aos meus discípulos: se quereis atrair energia, invocai e evocai *Ariel* e o anjo a levará para vós.

Invocar significa chamar em ti.

Evocar significa chamar para ti.

Todas as coisas que forem chamadas virão. Orfeu moveu montanhas tocando sua lira.

Precisas te tornares um pequeno Orfeu se queres atrair para ti mesmo os átomos invisíveis da força geradora que é a Vida Universal.

4. Ariel e a Vontade-Alma

Essa vida universal consiste de matéria tangível e etérea. Mas o éter também é matéria; consequentemente, a vida é matéria. A ação vibrante dessa matéria é inteligência em movimento, ou vontade ativa, que como resultado da matéria em vibração é matéria-alma.

Ariel, como todos os anjos, como todos os espíritos, como tudo que é, tem de ser considerado tangível em todos os aspectos, mesmo nas intuições mais normais da mentalidade humana.

Invoque *Ariel* se você quiser se tornar forte.

Ariel vem quando os fracos o chamam para ajudá-los em todas as boas obras.

Davi está diante de Golias. Jeová lhe envia *Ariel*. A pedra atinge o gigante; mas a causa estava apenas no conceito integral da fase israelita, caso contrário *Ariel* não teria respondido ou teria se tornado um demônio e enganado o menino ousado.

Tudo isso significa que *Ariel* só empresta sua força a homens *justos*. Só presta ajuda a causas *justas*.

Portanto, para invocar o deus da força, precisamos sentir, ou melhor, nos identificarmos com a justiça divina.

Pretendo dessa forma alertar aqueles que pensam que podem usar espíritos visíveis ou invisíveis para saciar a sórdida luxúria. Para atrair os anjos, devemos respeitar a justiça de Deus, caso contrário espíritos alados, como a águia, não virão. Já disse e repeti isso inúmeras vezes.

Nas invocações, a natureza humana coincide com uma natureza semelhante à sua, mas em um nível diferente. Quando tal natureza é um deus, o operador é divinizado.

5. Vontade e Palavras

Existem ritos e conjurações para *invocações* bem-sucedidas. Os latinos os chamavam de *carmina*, os hebreus os chamavam de *salmos*, os italianos, *feitiços*.

As vibrações que colocam o éter em movimento no mundo da matéria muito fina são rítmicas por sua própria natureza.

A matemática sublime contém as chaves para as séries e relações entre as vibrações geradas pela vontade e a repercussão do ato volitivo do éter sobre o mundo tangível e visível.

Palavras são articulações de notas musicais produzidas com a boca, uma espécie de trompete cujo som é modulado à vontade. Cada nota correspondente a uma sílaba ou letra tem um valor vibratório no éter. As artes da oratória, do teatro e do canto estão baseadas na teoria dos sons, exceto quando a harmonia de ideias não coincide com a arte. As palavras agem de forma tangível, como todos os sons, sobre o aparelho auditivo das pessoas sensíveis.

Mas isso não é tudo.

Certos sons produzidos de uma forma específica tem uma ação poderosa sobre a psique humana, como um ímã sobre o ferro. Os experimentos de sons com sonâmbulos que entram em catalepsia são antigos. No teatro, multidões são atraídas por uma nota produzida por uma voz doce e poderosa. Em um exército e antes de uma batalha, algumas palavras ditas por um líder podem decidir o desfecho da luta.

Portanto, a palavra ou o som rítmico tem um efeito poderoso e tangível sobre coisas vivas. A canção de ninar da avó traz o sono para a criança no berço, a criança que ainda não se tornou consciente de antigas ideias transportadas de suas vidas passadas e sobre quem o canto atua de forma mecânica.

A palavra, portanto, é uma força.

Ariel é invocado, ou pode ser invocado, por meio de palavras poderosas.

6. Vontade e Conjurações

Essas palavras poderosas são canções e emissões articuladas de vontade.

Sejam animadas ou não por ideias concretas, tais palavras são tanto mais poderosas quanto maior for o magnetismo de que foram saturadas por outros operadores e quanto mais seus sons correspondam às ideias que queremos despertar.

Os salmos dos hebreus são mágicos. Mas em hebraico eles têm mais poder do que em latim, e precisamos ter a chave para usá-los. Mais poderosos que os salmos, no entanto, são as imprecações, exorcismos e feitiços de magia egípcia e caldeia, pois, ao serem pronunciados ou cantados, despertam não só as ideias das gerações anteriores na zona astral; também os espíritos dos praticantes que, durante mais de cinquenta séculos, repetiram-nos mecanicamente são envolvidos na tentativa de dar-lhes força.

É por isso que esses feitiços são confiados apenas aos que os merecem, porque são forças por si mesmas já ativamente vitalizadas, a tal ponto que seus efeitos são rápidos e precisos, ao contrário das preces já aceitas na liturgia católica (os salmos), que têm um valor relativo em função do modo variado como têm sido usadas.

Se um mago afirmar que colocou ladrões para correr com uma palavra, acredite nele, porque isso é possível. Se um praticante de magia diabólica afirmar que possuiu uma mulher ao dirigir a palavra a ela pela primeira vez, acredite nele, porque isso é possível.

Certas palavras, que não repetimos em vão, são patrimônio de homens muito excepcionais e terão sua eficácia comprometida se forem usadas em excesso, pois tais palavras foram aprendidas diretamente do céu de Ea, e cada uma delas contém, de forma sintética, um ato embrionário de criação. Ai daqueles que não pronunciam as palavras no tempo devido, permitindo que o germe vital da criação seja abortado!

As invocações dos rituais e grimórios* convencionais são quase inúteis. Os feitiços não são falados quando as pessoas podem ouvi-los com os ouvidos do corpo físico, mas são disparados como muitas flechas, a distância ou à queima roupa, no corpo mental das coisas ou dos seres que são evocados.

Em magia, *não falar* significa também não dizer palavras inúteis.

Quando fala, o mago deve operar.

Quando você fala, você cura, consola, salva ou mata.

O mistério das palavras e sons na magia é profundo.

7. Vontade e Sinais Gráficos

Devemos agora considerar que cada palavra não é apenas um som, mas também uma expressão gráfica do som, se as ondas vibratórias do som estão refletidas nos delicados dispositivos que servem como receptores. Dei, em outro lugar, o exemplo do fonograma sensível de um fonógrafo onde o som é espontaneamente gravado. Considerando que a natureza da psique humana é mil vezes mais sensível que um fonograma, podemos entender por que todos os sons podem ser traduzidos em sinais gráficos. Assim, *Ariel* está na expressão de signos: quando os signos são gráficos e são geradores de força, o anjo vem ao simplesmente grafarmos esses caracteres.

Em outras palavras:

O discípulo de magia não deve apenas estudar profundamente o valor das palavras articulado no tempo para gerar sensações, mas deve também traduzi-las de maneira gráfica por meio da arte *esfígmica,* ou *arte das pulsações* e das batidas, cujas leis gerais e algumas particulares são

---

* *Grimórios* são coleções medievais de rituais, feitiços e encantamentos atribuídas a fontes clássicas, em geral hebraicas ou egípcias. (N. do T.)

encontradas naquele poço de verdade que é a Bíblia hebraica, escrita em letras hebraicas sem pontos e, para aqueles que não sabem hebraico, em Platão, Aristóteles e Avicena; para os que conhecem apenas o italiano, certos traços, bem poucos sem dúvida, podem ser encontrados nos poetas que precederam Dante Alighieri, no próprio Dante e em Petrarca.

Entre o pensamento e o caractere que o representa, há toda uma lei de evocação e reprodução do trabalho envolvido para gerá-lo.

Cifras, caracteres, palavras sagradas têm um valor correspondente não à vontade dos que os utilizam pela primeira vez, mas à soma de todas as vontades daqueles que os utilizaram, ou seja, milhões de vontades fortes, serenas e efetivas.

Talismãs representam criações das vontades iniciais ou da vontade evocada, algo como uma ferramenta psíquica, isto é, aquela que atua sobre a psique ou alma, imprimindo como um selo na cera virgem da alma as propriedades sutis evocadas por meio de signos, cifras e assim por diante.

O poder deles se apoia na perfeição e força relativas daquele que os faz e os conserva; e seus efeitos vêm mais ou menos rapidamente e são mais ou menos poderosos dependendo das cifras, caracteres, analogias e da capacidade mágica de quem os faz.

São manifestações analógicas da vontade e não do desejo.

São manifestações refletidas da vontade na alma humana, instrumentos de pequenos, breves milagres de tempo, de força e de expansão limitados aos efeitos desejados, conforme a intensidade da força de quem os fez.

8. Ciência e Vontade

Força-Ariel é o princípio e a consequência da *ciência*. A ciência é a aplicação intensiva e concreta da força em magia. O mago deve ter um conhecimento perfeito da ação de forças psíquicas e hiperfísicas a fim de obter a realização de Ariel.

Com isso, fica provado que, na magia, não existe aplicação, explicação ou adaptação da vontade sem o conhecimento prévio do modo como essas ações funcionam. Aqueles que agem por impulso pela revelação advinda daquele subconsciente sensível, que forma o substrato de médiuns e histéricos, não são magos, mas bons sujeitos nas mãos de uma pessoa que sabe o que faz e como fazê-lo. Pelo contrário, aqueles que trabalham de forma consciente, mesmo que empregando apenas uma porção muito pequena de sua força de vontade, podem ser chamados magos ou sábios.

Vou divagar por um momento para dizer por que a terapia classifica os médicos mais presunçosos entre os empíricos. Todos os cientistas já mencionados, incluindo os médicos que diagnosticam enfermidades conhecidas, são sem a menor dúvida desse tipo quando não partem da observação das leis imutáveis da natureza na matéria, na ordem da criação, no *espírito* e nos elementos naturais e inferiores.

O médico emerge da escuridão da velha medicina empírica estudando assiduamente o corpo humano até poder descrever as minúcias invisíveis a olho nu. Se dermos uma olhada na história da anatomia até o surgimento do microscópio mais aperfeiçoado, veremos que o homem quis perceber exatamente do que é feito o corpo humano. E foi bem-sucedido. Não há célula que não tenha sido explicada pela pesquisa. Não há poro que não seja objeto de um texto específico. Mas quando o homem quis curar o corpo enfermo, sua ciência falhou e os túmulos se abriram e se abrem hoje como no tempo de Irnerius e da Escola de Salerno!

Os agentes patogênicos que os médicos contemporâneos procuram em bactérias para explicar a propagação de doenças (e isso sairá de moda mais rápido do que se pensa) serão encontrados pela futura medicina em um elemento inconcebível para a pesquisa atual: no espírito do homem em contato ou em contraste com o espírito das coisas. Ocorrerá, então, uma revolução profunda no conhecimento humano que representará o fim do mundo – isto é, o fim do mundo de ignorância educada que lança raios e excomunhão contra aqueles que a contradizem. A era da escuridão chegará ao fim e começará uma nova era em que as ciências humanas serão ciências do espírito humano. Então a condição social dos povos mudará, porque o espírito de Cristo terá se tornado carne; a *justiça humana* será um reflexo preciso, consciente e constante da justiça divina, justiça essa que hoje, para o homem imperfeito, muitas vezes parece injustiça divina, pois os homens, que são *relativos* em todas as suas concepções, não podem imaginar nem compreender a justiça em termos *absolutos*.

Estudar o princípio vital em nós, separá-lo se for separável, integrá-lo se for integrável, levá-lo ao máximo de sua potencialidade, torná-lo capaz de extrair o máximo de energia da fonte do princípio de vida universal, até que ele possa usar essa fonte, alimentar-se dela e alimentar os organismos que carecem dessa energia: tudo isso representa a educação hermética e leva ao conceito de um *médico hermético*. O hermetismo encontra uma ajuda, que todos os médicos modernos deixam de considerar, no espírito ou na profunda vitalidade inteligente do paciente, em cujo espírito não podemos agir com drogas, mas sim com a quintessência de todas as drogas dos três reinos, que está sintetizada no espírito ou na vitalidade inteligente do médico que cura, isto é, que ajuda o paciente a superar a doença.

O arcano da recuperação do vigor é, em sua mecânica de autonutrição, concebível porque explica o resultado da revitalização da força humana após um sono muito curto e leve, mas não pode ser comprovado pelos métodos comuns de demonstração científica.

Nenhuma teoria vitalista jamais chegou perto da concepção da vitalidade sintética de um homem sendo conectada a um centro, um nódulo ou uma célula magnética que compõe o ser e que está em relação de reverberação e reabastecimento com um centro magnético terrestre que, por sua vez, está conectado ao centro magnético dos mundos planetários e estelares de todo o universo.

Centro único de energia: magnetismo único.

Não me refiro a uma unidade de força, mas a uma única força central de vida, da qual todas as expressões são apenas estados de ser.

A inteligência essencial do ser, que é uma parte predominante de distribuição, provoca adaptações e formas de mudança rápida das unidades específicas.

O sono é a condição indispensável para restaurar a energia que despendemos. Todas as dispersões de nossa energia são correntes acumuladas de magnetismo vital que são externalizadas e entram no grande rio invisível de vibrações terrestres e universais para retornar ao centro universal da vida.

Se a integração de poderes humanos pode levar à formação do mago, um reservatório vivo de forças extraídas de fontes mais ricas de energia, uma simples progressão da riqueza magnética acumulada em nós através de uma provocação de atos e atrações de entidades não humanas pode tornar possível uma medicina divina ou hermética para que possamos ser úteis a todos aqueles que sofrem e vêm até nós.

Saber que estamos irradiando centros de vida que atraem uma vitalidade inteligente e essencial do centro inesgotável do mundo universal nos permite conceber o valor do Senhor das causas como o mais generoso, incomensurável e nobre provedor já concebido pela imaginação religiosa ou mística.

Nos pacientes, toda crise que é curada acontece durante o sono; uma dor desaparece apenas no sono; o estado de coma é um estado de sono em que os centros nucleares magnéticos se esforçam para garantir um reabastecimento que não está acontecendo e, quando os recursos que constituem o organismo humano como um centro de magnetismo tornam-se muito fracos, a dissolução do organismo é iminente.

Para voltar ao ponto: assim como no conhecimento profano, o empirismo é excluído e amaldiçoado porque, segundo essa crença, apenas a aplicação do que sabemos é considerada sábia; nas altas ciências do espírito, apenas um homem que usa as leis espirituais pode ser conscientemente chamado de mago, *cum scientia et ratione* [com ciência e fundamentação], como os escolásticos costumavam dizer.

Onde está a ciência, está *Ariel*, ou seja, a força divina e mágica, capaz de fazer milagres; pois, assim como o mundo visível é conhecido pelo profano, o invisível deve ser conhecido pelo iniciado. Quem é você que, seguindo a inspiração sem ter o conhecimento da inspiração em si, obtém um resultado acidental? Um mago ou o joguete da manifestação do incognoscível e do invisível?

9. Como a Força é Comunicada

Se você tem um mestre visível, fique atento ao fato de que a ciência dele é uma luz que não pode ser oferecida mas, assim como o fogo acende pedaços de carvão mortos, ao entregar o *Ariel* elementar de fogo, ele acende em sua alma o fogo da ciência e, por meio da ciência, transmite a força para você. O método desejado pelo profano, com uma descrição das leis do conhecimento feita para o discípulo, não pode ser seguido e não pode ser adaptado ao ensino da magia.

Para convertê-lo, caso esteja preparado para um aprimoramento, o mestre apela à sua razão desenvolvida e filia você à escola dele para facilitar seus passos iniciais. Assim como faz o mestre de alunos de uma escola convencional, ele dá a você aquilo que considera útil.

Mas, diz o cético, o que pode nos converter é a imponência do resultado. Se alguém pretende ser um mestre e quer nos converter, deve agir assim.

Mas por que o mestre se importaria se não queremos nos converter à espiritualidade?

A pergunta é semelhante a de uma criança que estava visitando a Basílica de São Pedro:

– Papai, por que o sr. não compra uma cúpula como a da Basílica de São Pedro para colocar na nossa casa?

O pai, sorrindo, respondeu ao filho:

– Meu querido, não há lugar para essa cúpula na nossa casa; primeiro temos de preparar a casa, depois colocaremos a cúpula sobre ela.

Você, que tem um intelecto sadio, acha que o organismo de um homem evoluído em termos espirituais, capaz de dar a você prova de fenômenos transcendentais e intelectuais, pode ser a cúpula para proteger uma casa modesta?

Digo apenas o seguinte: permita que eu dê a você a certeza de um poder oculto, humano ou extra-humano, por meio de uma iniciação progressiva. Essa prática serve para adornar o organismo psíquico nu do neófito, dando-lhe a possibilidade de realizar fenômenos de uma ordem superior, e é a chave para todo um edifício filosófico. Tal edifício terá grande influência na criação de uma escola que facilitará a pesquisa individual e o progresso daqueles que se sentirão estimulados, pelo sucesso, a continuar sua pesquisa.

Assim como o mundo inteligente superior só se manifesta ao inferior por meio de símbolos, analogias e palavras com sons vocálicos semelhantes, o ensino da magia é realizado por meio de atos analógicos, que o mestre pratica com o discípulo.

A ciência dos mestres do fogo só pode ser comunicada através do contato, enquanto os mestres da luz só a comunicam em silêncio. A Igreja recomenda que, ao ler os livros sagrados, devemos prestar atenção ao espírito que está contido neles. Mas, ao ler os livros de magia, você não deve se deter nem nas palavras nem no espírito das palavras: *para além do que é dito e mostrado, há um mestre que indica uma meta a ser alcançada e, estimulando a sede do discípulo, ensina, sem dizê-lo abertamente, como atingir o objetivo*; aprender então é entender e entender é roubar a força que ninguém dá a você: assim, morre a besta e nasce o anjo dentro de você.

A magia é uma ciência aristocrática que evita seu ensino às massas, que devem ter a intuição da existência da divina ciência, mas não podem possuí-la. Aquele, no entanto, que das massas colhe a semente e conquista ciência e força, torna-se monarca de tudo.

Procure saber como compreender, e assim você aprenderá.

10. Ciência, Vontade e Força

Se você unir ciência e vontade, encontrará a solução para o problema da força, mas não os meios para adaptar e concentrar a força nas coisas que devem ser mudadas. Mas se a ciência estiver unida à vontade transformada em força, todos os milagres são possíveis.

Siga as seguintes regras para se adaptar à força:

1. Vontade sem desejo.
2. Vontade sem medo.
3. Vontade sem arrependimento.

Desejo, medo e arrependimento matam a vontade: se você vai operar coisas difíceis ou duvidosas, não comece antes de se distanciar dos três pecados do mago.

Se você deseja, teme e se arrepende, o encantamento não funcionará e todas as forças se enfraquecerão.

No item dois, eu disse que vontade não é desejar, agora digo que se arrepender ou temer neutraliza cada ato de vontade.

Para não desejar, não temer e não se arrepender, você deve se sentir justo de uma forma divina, isto é, sem os preconceitos humanos de justiça egoísta.

11. Equilíbrio e Força

Inspirar-se pela justiça absoluta significa estar em equilíbrio, ser justo.

Portanto, vontade, ciência e equilíbrio são as três condições essenciais de *Ariel* ou o mago da força.

12. Justiça e Força

Vontade sem ciência e ciência sem equilíbrio representam a negação de qualquer tipo de magia.

Um mago não deve fazer tudo o que quer, mas apenas o que é correto fazer pois, de outro modo, sua ação seria uma violência pecaminosa contra todo o poder e todas as naturezas inferiores à sua própria natureza.

Você quer possuir a força de um deus? Seja justo como um deus! Quer ter a força de um demônio? Seja tão injusto quanto Satã!

A força, na magia, é uma ação providencial que é fecunda e benéfica quando está de acordo com o princípio providencial; mas não é assim quando, por reação, atrai contra si todas as repercussões da justiça feita.

Razão é ordem; ordem é Deus, porque ordem é justiça.

Loucura é desordem; desordem é Satã, porque desordem é injustiça.

13. Pureza e Força

A magia das paixões é dominada pela invocação do mais puro Ariel.

As paixões são dominadas por meio da pureza.

A força pura não tem paixão.

A força impura é rica em todos os tormentos das paixões. Pureza mágica e hermética não é pureza religiosa.

Aqui nossa pureza, entendida de forma integral, é a neutralidade consciente e inalterável que mantemos com relação a nossos semelhantes.

Purificação significa eliminar tudo que a educação moderna tem imposto a nós e nos apresentarmos nus para o batismo – *sicut erat in principio* [como era no princípio] –, revelando assim o eu adormecido e evocando todos os poderes naturais da alma em sua simplicidade.

Cada sentimento de ódio ou de amor, cada interesse do operador hermético na realização de algo desejado anula, destrói e torna inútil o resultado esperado.

É por isso que eu disse que o sentimento de *justiça* é o único fator de qualquer progresso no sentido da reintegração.

Existe um obstáculo que se opõe a nós sempre que nosso ser se move na direção do mal.

Por que a medicina hermética obtém resultados milagrosos com facilidade? Porque não podemos ir correndo ajudar os enfermos com ódio. Ninguém pode ajudar ou ter vontade de ajudar um doente que odeia: seria uma contradição do objetivo do trabalho.

14. Paixões e Força

As paixões podem ser usadas como estimulantes do organismo para a produção e invocação de Ariel armado? Quer dizer, o pecado ou o vício podem ser o estimulante para o desencadeamento de poderes ocultos em algumas criaturas?

Sim, mas esse é o método desprezível das seitas de magos perversos. A magia divina só encontra estímulo na virtude.

Virtude é Ariel, virtude é força, virtude é purificação. A fonte pura da magia divina reside no amor ao próximo, no sacrificar-se em benefício de seus semelhantes, no sacrifício de suas posses para a redenção de outros.

O amor ao próximo deve ser cristão, isto é, extremamente puro, casto e sem qualquer expectativa de recompensa.

Sacrifício significa dor.

Na profunda poesia do amor, sem expectativa de recompensa e da dor sem expectativa de alívio, a magia pura encontra a fonte de todos os grandes milagres: a fé na glória sem fim do outro mundo e a alegria de, através do holocausto de si mesmo, aproximar-se de Ea.

15. A Pureza de Ariel

Na magia, o bem e o mal dependem mais da pureza e justiça do operador do que dos meios por ele empregados.

O bem e o mal devem permanecer no portal, sem entrar no templo; não devem passar do peristilo, onde se aglomerava a multidão de comerciantes que Cristo expulsou do tempo com seu chicote. No oculto, onde só existe a *lei implacável* do progresso na natureza e nas formas que ela cria, só pode existir o bem absoluto, isto é, a *justiça* que é Jeová, o deus invisível que se manifesta por meio de sua inflexível e inevitável bondade no ato de criação.

16. Ariel, o Criador

O homem que deseja alcançar o poder de trabalhar com a força, justiça e pureza de Ariel não deve, nos atos geradores da criação, assemelhar-se aos outros homens, nem tomar por modelo suas paixões; nisto se encontra sua absoluta semelhança com Deus, nisto reside o sucesso completo de sua ascensão, seja qual for sua formação, seus recursos, sistemas de criação e gratificação. Magia diabólica e magia angelical, magia branca e magia negra, não passam de palavras vagas e vãs diante das quais existe apenas um fato: a possibilidade que o mago tem de imitar a natureza divina e penetrar na natureza divina, isto é, na natureza das coisas que podem ser criadas e que hão de ser criadas.

Meu discípulo deve aprender que, a fim de abandonar todas as paixões humanas, purificar-se de todas as dramáticas e pesadas algemas que prendem o corpo do anjo encoberto, só duas virtudes divinas devem ser seguidas: *o amor pelas pessoas e o perdão*; essas duas virtudes estão implícitas no ideal de *caridade*.

O homem faz para si mesmo, assim como faz de Deus, uma curiosa estatueta de benevolência e a alimenta com ambição, vanglória, ignorância, providência humana e filantropia. Que o leitor sensível examine de perto as instituições da civilização para ver como elas são diferentes da caridade divina de que falam Buda e Cristo. Isso mostra o quanto somos bárbaros agora, vivendo numa época em que o egoísmo social predomina em todos os atos da soberania dos Estados contra os interesses dos súditos. Todas as teorias que agora parecem utópicas e impossíveis poderiam se tornar realidade com a transformação da natureza humana para o bem, isto é, com a divina regeneração do homem que desperdiçou seus direitos divinos. Mas a lei que governa os espíritos e coisas em sua transformação é una: é a lei *serial*, geométrica ou aritmética segundo o valor das progressões; é uma lei de regeneração para sofrermos conforme o grau de convulsão do organismo social. Mas a *caridade* ainda está muito longe do ideal moderno de comercializar a caridade na política, em sociedades religiosas e nas famílias onde o ouro, que representa a síntese de todo bem-estar, só serve para difundir o preconceito segundo o qual o bem reside no prazer e o mal reside na dor.* As instituições humanas substituíram a palavra *filantropia* pela palavra *caridade*, mas, só quando a filantropia tornar-se de novo caridade, teremos dado mais um passo no sentido da perfeição sacerdotal.

Qualquer discípulo que trabalhe com magia deve saber amar e perdoar. Amor sem egoísmo é divino, embora as mulheres não possam conceber como podem ser amadas intensamente e de maneira ideal sem alguma mancha de ciúme, que representa a condensação do egoísmo no amor. O amor é a mais fascinante benevolência instintiva; sua decadência é a prostituição de todos os sentimentos nobres, isto é, dos sentimentos divinos e divinizadores nas pessoas. O amor é o mais precioso complemento do intercurso social e é a chave da Ísis mais pura, que abre os férteis tesouros da divindade nas decaídas criaturas humanas. Os mistérios de Vênus nada mais eram que a celebração do culto desse amor integral, que une os dois polos da criação, na criação do vital e inteligente Mercúrio. A Rosa Mística é a Rosa do Amor. *Le Roman de la Rose* [Romance da Rosa] e o amor cortês na Idade Média, as canções dos trovadores, poemas como os de Dante Alighieri, Brunetto Latini e outros são apenas os romances da caridade [da entrega] no amor e o "romance" é *amor através da caridade* [da doação]. Ninguém jamais foi poeta sem amor; a poesia é descrita como amor; mas no amor há verdade, isto é, caridade no embrião. Daqui vêm os rituais satânicos exaltando a glória da geração feita de amor impuro, o aborto criado pela prostituição e pela vida sem amor, vida que é inteiramente sensual e libertina.

O *perdão* é um dos lados do amor mais puro. Saber amar significa saber perdoar. O pai e a mãe perdoam o filho, por quem têm amor por ele. O amor materno é o menos falso entre todos os falsos amores, porque é o menos egoísta de todos. Mas nem mesmo o amor materno é

---

* Segundo essas pessoas, Maria, Nossa Senhora das Dores, seria a Maria má.

verdadeiro, exceto na inconsciência do perdão, e a mãe que chora por causa da dor que regenera seu filho é egoísta, como egoístas são a maioria das mães.

Aprenda a perdoar e você se tornará um deus na Terra. Não permita que a ofensa o machuque e considere seu agressor como uma criança inocente que cospe no seu rosto. A educação mágica divina e divinizadora é educação no perdão; caso contrário, um mago se tornaria um instrumento poderoso contra todas as paixões das outras pessoas.

Amor e perdão unidos na *caridade* são completamente diferentes da *filantropia* por conta do caráter divino do primeiro e do caráter humano do último. A caridade é tão poderosa quanto o sacrifício do ser relativo ao ser absoluto; *filantropia* é a paixão de zoófilos que tentam proteger os animais para aliviar seus sofrimentos, mas não para vê-los sentados em suas mesas de jantar nem para puxar carroças pesadas no lugar deles.

A *caridade* é a reação do mundo da matéria contra o mundo do espírito; a *caridade* é a carnalidade espiritualizada.

O Cristianismo sente a compaixão pelos outros, porque se transforma em sua carne e sofrimentos físicos, isto é, *sente a dor que os outros sentem*, o que é bem diferente da *filantropia*, que representa o puro e simples sentimento de amizade por *alguém que sofre*.

Um exemplo de compaixão é quando a mãe sente um frio no peito vendo o filho que chora de fome.

A filantropia, ao contrário, é uma virtude cerebral, que não se deixaria perturbar pela exposição da miséria de outras pessoas.

Se todo homem evocasse em si mesmo o Cristo que se sacrifica para o bem de outras pessoas, a sociedade dos ladrões de hoje se transformaria em um paraíso terrestre. É por isso que se diz, *e eu digo isso*, que qualquer elemento que cause separação é um mal social e que todo bem vem da solidariedade humana.

17. Ariel Dominador

Aqueles que conseguem transformar o ódio contra seus inimigos em amor, conseguem dominá-los de forma inevitável. O triunfo do amor reside no ato de força de sua justiça e é invencível em seu poderoso triunfo.

Ariel, como a força e o espírito atraente do amor, é generoso no perdão.

As virtudes e os vícios das almas são trocados em proporção direta a seu amor recíproco e em proporção inversa ao seu ódio.

Quanto mais forte o amor entre duas pessoas, mais elas trocam, através de seu amor, suas respectivas virtudes.

Isso explica por que você não pode dominar uma pessoa que odeia, embora possa possuir a pessoa que ama.

Esta é a lei pela qual a virtude de todas as coisas reais é difundida, e sociedades visíveis e invisíveis se agrupam e se separam de acordo com a mesma lei.

Bismarck disse que a lei era uma tola invenção dos fracos, porquanto não há outra lei a não ser a força. Em termos absolutos, ele tem razão. Esta força é lei porque o deus que não é justo não é forte.

Lembre-se da fábula do cachorrinho que atacou um leão; o leão, mordido, deu-se conta de que os dentes do cãozinho não tinham sequer ferido a sua pele. Então ele disse a seu inimigo: "Olha, eu podia matar e comer você. Mas vou poupar sua vida porque é pequeno demais". O cãozinho tentou outra vez e obteve o mesmo resultado. O leão deixou que fizesse aquilo e, de novo, não o atacou. Nesse caso, a força do leão tornou-o generoso, mas, se não fosse forte, o leão não poderia ter concedido o perdão dos poderosos.

Epílogo

Oh! Ariel, raio e poder da força de Júpiter, depois que te conheceu, o homem, que é uma parte microscópica na imensidão do universo, vê que a centelha divina que estava nele foi reavivada em seu esplendor primitivo. Onde estás? Aqueles que te invocam te conseguem ver? Aqueles que te invocam te conseguirão ouvir? Como te pareces, oh, espírito marcial, de luz ofuscante e fogo? Como soa tua voz na harmonia das coisas visíveis? Como é teu amor, qual é teu poder?

Nas civilizações orientais, atiçastes o esplendor e a magnificência em Nínive, na Babilônia, em Mênfis; na Trácia, Orfeu te encantou; na Grécia, Jasão te tentou conquistar, Hércules tentou te enfeitiçar; em Roma, te tornastes a águia do conhecimento e do império; no mundo cristão, falaste da verdade sobre a Cruz.

Todos te invocam no mundo, todos te adoram, pois só veem de ti a face de Amon, chifruda e generosa; não sabem que te tornas providência por meio da caridade e que és beneficente na glória da justiça.

Sê generoso ao favoreceres meus discípulos, que te chamam nas altas horas silenciosas da noite enquanto queimam o óleo da meia-noite em seus escritórios, onde são acumulados os volumes do conhecimento humano. Aparece-lhes na forma de um gnomo ou de um elfo, deslumbrante ou etéreo, sentado na moldura de uma pintura antiga, e fala com o neófito que deseja fazer e saber: conta-lhe a verdade, a verdade nua e crua; depois sorri para ele e dá-lhe tempo para refletir.

Entre as coisas que lhe dirás, não te esqueças de te dirigires a ele, dizendo:

Não há ciência sem silêncio, nem força sem caridade, nem poder sem justiça. Eu sou a *virtude*, aquele que transforma e faz milagres. Só me vinculo a ti numa situação de pacto, numa aliança. Vais me dizer que *te pertenço, hoje e sempre*; escreverás isto com teu próprio sangue; colocarás tua alma imperfeita nestas gotas de sangue e esperarás; antes de aceitar o pacto, vou vigiar-te de perto. Saberei se tentaste vender-me falsas pedras preciosas como se fossem safiras; se a verdade está em ti, se tua esperança for teu amor e... se tudo for verdade, irei para teu lado. Dar-te-ei força na justiça, amor na caridade, luz na ciência. Quando me procurares, estarei perto, quando dormires, estarei de vigia, quando lutares contra o mal, estarei ao teu lado.

Que o discípulo inteligente, neófito em magia, não seja deixado cego pelo espírito do século; o guardião do umbral faz girar sua lâmina encantada. Ele o ataca com um clarão dos olhos poderosos, mas o discípulo passará se souber guardar silêncio, querer e amar.

Ciência é força, é justiça, é caridade. Ciência não é delírio, febre, paixão, orgulho, ambição, mentiras. O raio é uma lei inexorável, como é a força na justiça e como é a caridade.

Nesta ciência, os mártires dos grandes ideais encontraram seu sorriso na face da morte e sua felicidade no mundo dos impérios sacerdotais.

Lembra-te, meu discípulo, que deves ser sábio e deves ser capaz de *ler* minhas palavras, pois eu terminei e estou proibido de te dizer mais porque já falei demais e, especialmente onde nem imaginaste, revelei o arcano da magia dos grandes magos, como te havia prometido.

O verdadeiro iniciado é aquele que, após trabalhos constantes e prática eficaz da doutrina, já agora perfeita e evoluída, ultrapassa os degraus mais altos do mundo visível vulgar e entra no mundo das causas, desistindo do mundo dos efeitos.

É o homem que vai além do imenso rio das sensações externas e sente que está desenvolvendo dentro de si o homem interior, isto é, o Cristo falante.

É o homem que intimamente se dividiu, isto é, aquele que separou o "corpo elevado", sua primeira trindade, do corpo e mentalidade contemporâneos, movendo-se para a fase de evolução, de onde não pode mais recuar, e falando a dupla linguagem do espírito e do homem.

Uma vez que existe em todos os homens, por assim dizer, um ser duplo (o antigo e sintético de vidas passadas e o novo e moderno), a iniciação deve ser compreendida como o retorno do homem aparente ao homem misterioso, ou arcano.

A iniciação começa com o trabalho que o mestre faz com o discípulo, para que o homem antigo se manifeste em sua integridade.

As religiões consistem em educação espiritual que envolve tanto o ser novo quanto o antigo no mesmo manto de ideias, nutrido pela fé; a iniciação, ao contrário, impede a formação de novas camadas ao redor do ser oculto e arcano bem como o desvenda.

A ação contínua de remover o artificial para revelar o espírito antigo em sua integridade é uma morte contínua do eu artificial, sem o apoio de uma ajuda ou encorajamento moral.

O novato deve apenas se instruir em ciência, não se deixar seduzir pelo mundo exterior e aspirar em silêncio a que o Deus se manifeste dentro dele próprio.

O Jeová do discípulo deve se manifestar de forma direta e imediata. O discípulo evolui por meio do desenvolvimento de intuições e de sua libertação de todos os artifícios.

Ele não deve se privar de qualquer desejo de viver, nem de qualquer interesse em coisas terrenas, mas deve aspirar:

1. Ao domínio absoluto da vida como o criador da própria vida.
2. À conquista do estado de santidade para que, segundo a vontade criativa que reside nele sob a forma de seu mais elevado princípio solar, que é em si a principal virtude de todo o Universo real, ele possa fazer uso de todas as coisas materiais, perceptíveis ou não, considerando-as como sua própria produção e não como bens que chegam a ele ou são doados por outras mãos, utilizando-as conforme o princípio da justiça absoluta, cujo símbolo é a balança de São Miguel.
3. À posse do estado de mobilidade, para que todas as coisas básicas possam ser dominadas.
4. À reconquista do estado luminoso, para que todos os caminhos, todos os principados possam ser iluminados pela verdade; e para que ele possa estar sempre consciente de si mesmo, como dominador ativo, criador e recriador de coisas.

A magia, com suas operações, espera apenas um fenômeno, um grande fenômeno: que o Sol se levante, que o grande deus da luz mental apareça no Oriente da psique adormecida do discípulo e que o dia chegue à alma daquele que o invoca.

Quem quer estudar e praticar a magia não deve esquecer que o conhecimento do eu interior constitui a primeira parte da manifestação inteligente e consciente do discípulo, após a qual entramos em relação com o mundo das causas, de modo consciente, e não por meio de uma fé cega.

Na Magia, assim que os rudimentos teóricos são aprendidos, o indivíduo deve *operar*; discutir é perda de tempo, o discípulo deve *trabalhar, orar, praticar*.

As práticas da magia dadas por um mestre passam invariavelmente a seguinte orientação: cria, batalha, experimenta e não te preocupes em identificar de imediato o trabalho psíquico ou da alma, no qual o operador não repara pela simples razão de não entender de imediato o que suas operações produzem; mas a mão amiga que ele invocou começará, de maneira latente, a dissipar a escuridão e, de forma invisível, insensível, o trabalho de reintegração na *luz beatificante* não será interrompido até o dia do completo triunfo do intelecto da verdade nele.

Você só deve pedir e esperar da sua doutrina um único fenômeno: a reintegração de teu *ego inteligente*, que teu espírito seja iluminado, que possas encontrar a Luz e, na luz, o Mestre.

Uma vez que este único e grande fenômeno tenha acontecido, todos os outros viram brincadeira de criança: sabe-se o que são e não vale a pena correr o risco de nos embriagarmos.

Com isso terminei; acho que já escrevi o bastante, ou seja, o que é suficiente e necessário para que homens de boa vontade alcancem seus objetivos.

Salve, ó discípulo, eu te saúdo; lembra-te do *clama ne cesses* [clama em voz alta] de Isaías. O momento é propício.